设计思维

赋能城市品牌形象创新

○任玉洁 著

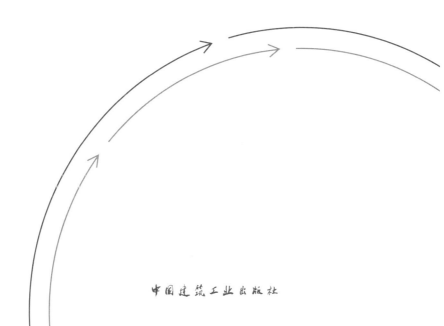

中国建筑工业出版社

前言

本书是国家自然科学基金与澳门科学技术发展基金联合科研资助项目——澳门填海造地高密度城市空间环境评价与优化研究（项目批准号：520611603660，039/2020/AFJ）的阶段性成果之一。城市品牌形象是城市规划学、管理学和艺术设计学等领域共同关注的研究问题，城市品牌形象也成为政府实现城市发展目标的公共政策工具。提升城市品牌形象，积极塑造独特的、准确的城市品牌形象，不仅有助于回应当下全球范围内的城市化进程，更有助于提升我国城市增强凝聚力、吸附力和辐射力。诸多学者从不同角度对城市形象和城市品牌形象做了探讨，为城市的发展提供了积极的理论和实践的依据。以往城市品牌形象的很多研究主要借助企业的CI理论进行拓展研究，设计学领域对品牌形象的研究更多集中在视觉设计领域，即从城市管理者的视角，为品牌设计一套视觉识别符号和延展图形作为品牌形象的视觉识别系统，对于企业的设计服务流程和对城市的品牌服务流程非常接近。

虽然城市品牌形象同企业品牌形象一样，都有利于识别和获得价值等品牌的基本属性，但城市品牌形象不能完全等同于企业品牌形象。从资源禀赋来看，与企业相比，城市拥有包括城市的历史积淀和自然资源在内的更多资源，这些资源都构成城市品牌的一部分。在城市品牌信息对外的传播过程中，不同的利益相关者向外传递的城市信息不同。因此，城市品牌形象在营销中的目标市场比企业更复杂和多样，不是资源在城市品牌中的简单叠加，而是更加抽象，并且具有象征性。要找到管理的交集，需要寻找城市认同（或区域认同），才能产生共同的体验。从城市认同（或区域认同）中选择和设计感知一致又符合利益相关者认同的形象需要更加深入和多面的研究。一个城市品牌的记忆和联想不只是靠视觉的识别，更需要城市的气味、声音、味道和触摸来延伸。随着科学技术（如增强和虚拟现实技术）的发展和进步，新的数字通信途径可能会为城市品牌形象的识别和宣传拓宽新的领域。

本书是借助设计思维的系统工具搭建全书的结构框架，利用扎尔特曼隐喻提取技术（ZMET）提取城市品牌形象的感知差异，使用凯利方格法（RGT）构建城市品牌形象的评估指标，最终得到城市品牌形象的管理机制和模型。本书在文章的结构和研究方法方面都有一定创新，能够填补城市品牌形象管理机制理论上的空白，也为设计学领域的城市品牌形象的实践提供理论依据，对未来这方面的研究具有启发意义。

本书在研究方法和框架思路上融合了其他学科的研究技术和理论，是对跨学科研究的一种尝试，进行了不同学科间的理论渗透、方法借用等跨学科活动，融合了不同学科的范式，在科学体系中发挥着转移研究方法、传送研究成果的作用。希望本书的研究能够为交叉学科的研究提供一些思路和贡献。

目录

第1章 绪论

1.1 研究背景及意义　　　　　　　　002
1.2 研究问题　　　　　　　　　　　005
1.3 研究范围界定　　　　　　　　　006
1.3.1 一线城市　　　　　　　　　　006
1.3.2 利益相关者　　　　　　　　　008
1.4 研究意义　　　　　　　　　　　008
1.5 结构安排与框架　　　　　　　　009

第2章 文献综述

2.1 品牌形象　　　　　　　　　　　014
2.2 城市形象与城市品牌形象　　　　015
2.3 顾客价值理论　　　　　　　　　018
2.4 设计思维　　　　　　　　　　　019
2.5 小结　　　　　　　　　　　　　022

第3章 调查研究——城市品牌形象的感知研究

3.1 调研步骤　　　　　　　　　　　027
3.2 调研过程　　　　　　　　　　　028
3.2.1 样本选取　　　　　　　　　　028
3.2.2 深度访谈　　　　　　　　　　030
3.2.3 构念提取　　　　　　　　　　068
3.2.4 构念内在关系分析　　　　　　070
3.2.5 绘制城市品牌形象共识地图　　071
3.3 小结　　　　　　　　　　　　　074

第4章 定义问题——城市品牌形象的感知差异

4.1 城市品牌形象的感知差异　　　　078

4.1.1 北京的城市品牌形象感知差异　　078
4.1.2 上海的城市品牌形象感知差异　　079
4.1.3 广州的城市品牌形象感知差异　　080
4.1.4 深圳的城市品牌形象感知差异　　081
4.2 定义问题　　082
4.3 小结　　083

第5章　形成概念——城市品牌形象的评估指标

5.1 凯利方格法提取构念　　086
5.2 城市品牌形象评估指标的聚类分析　　089
5.3 城市品牌形象评估指标的构建　　092
5.4 小结　　097

第6章　原型搭建——城市品牌形象的创新策略

6.1 管理城市品牌形象的构成要素　　100
6.1.1 城市品牌形象的评估指标　　100
6.1.2 城市品牌形象识别符号的来源　　101
6.2 城市品牌形象管理模型及创新策略　　105
6.3 小结　　110

第7章　结论

7.1 研究结论　　112
7.2 研究贡献　　113

附录　基于ZMET研究受访者心智模型的访谈资料及初始构念提取过程　　114

参考文献　　138

第 1 章

绪论

1.1 研究背景及意义

美国杜克大学教授凯文·莱恩·凯勒（Kevin Lane Keller）在他的《战略品牌管理》一书中提出，地理位置或某一空间区域也可以像产品一样成为品牌（KELLER，1998）。城市品牌化的力量就是让人们对城市产生联想，并将这种联想与这个城市的精神和物质元素很自然地联系在一起，使竞争与生命和这个城市并存。Kotler等人（1993）认为城市间存在竞争，城市社会问题也会增多，所以城市政府需要通过营销手段来经营和管理城市。Trueman等人（2001）以及Hankinson（2001）对城市品牌问题进行了初步探讨，他们都认为，有必要针对城市品牌问题进行深入的理论研究，以丰富和完善城市营销的理论文献。Kotler和Gertner（2002）指出，要实现城市营销目标，就必须对城市进行自觉的品牌建设和管理。在注重多元化、个性化发展的21世纪，城市间的竞争已经由综合实力的竞争逐渐变为核心竞争力和城市品牌的竞争。

城市品牌通过有策略地指导城市的发展以及对场所的感知，已经被定义为城市管理的一种重要形式，并且能够形成独特的城市识别方式。在全球化时代，城市品牌成为刺激全球城市发展的重要工具（ANTTIROIKO，2015）。中国也一样，为应对全球化和全球经济竞争的压力，中国的城市制定政策与大都市和区域发展紧密相关（YE，2013）。随着中国进一步融入全球经济，中国城市必须面对全球化的挑战，这已成为其品牌战略的核心内容。城市品牌正在迅速成为政府传播其城市形象和实现各种城市发展目标的流行公共政策工具。高价值的城市品牌可以提高城市化的速度和质量，推动城市经济和社会的发展。对内部来说，可以增强城市居民的自信心和自豪感，增强城市居民的凝聚力，利用好城市资源；另外，可以提升城市乃至区域的综合竞争能力，吸引外部资源的加入，带动城市旅游、投资、贸易等，促进城市经济的发展和城市文化的传播（李光明，2007）。

科特勒（2001）认为品牌也会像产品一样，经历一个从出生、成长、成熟到最后衰退并消失的过程。但是，他也承认，现实情况是，许多老品牌仍经久不衰，会有某产品退出市场，但品牌不会退出市场的现象。掌握品牌的一般成长规律有助于制定品牌发展战略和品牌管理策略。根据品牌生命周期的变化和规律，品牌处于不同的生命周期阶段，其发展的战略侧重点不同，管理策略也相应不同（姜媛 等，2012）。施鹏丽和韩福荣（2006）认为，品牌载体产品的改进、新用途的研发或新市场的开辟等这些战略和战术的巧妙实施可以使成熟期得以无限延长，甚至可以使品牌由成熟期转入另一个成长期，从而历久不衰。因此，城市品牌形象在城市品牌的不同发展阶段也会有所不同，那么，城市品牌的发展是否也存在不同周期需要更新品牌形象？

2000年之后，全球人口绝大多数是城市人口而不是农村人口。城市的快速发展与扩张，使人们不得不对城市规划中的优先性做出设想。丹麦著名城市规划学者扬·盖尔（Jan Gehl）一向关注城市规划中人性化的维度，他认为，城市规划未来的关键目标是关注使用城市的人的更大需求。建设人性化的城市的主要目标是建设充满活力的、安全的、可持续的且健康的城市（盖尔，2010）。人是城市的主体，在城市品牌的建设中有很大的主观能动性，尤其是政府对城市的发展思路、政策导向、宣传策略都会对城市品牌形象产生重要作用，并影响到城市居民的价值取向和文化观念的形成。

商业品牌体现了企业和消费者之间的联系，这种联系依赖于消费者的主观感受、心理体验和总体评价而存在，这也是企业与消费者之间的心理契约。Aaker 等人（1996）从营销学的角度理解，这种心理契约来自企业满足消费者的需求。另外，消费者面临对提供相似利益的不同品牌做出选择时，作为代价需要多支付一部分——品牌溢价。这时，消费者选择了哪个品牌就是哪个品牌占据了消费者的心智资源。同样道理，好的城市品牌形象可以占据城市利益相关者的心智资源,产生品牌的溢价能力。

虽然城市品牌同样有利于识别和获得价值等品牌的基本属性,但城市品牌不能完全等同于企业品牌。从资源禀赋来看,与企业相比,城市拥有包括城市的历史积淀和自然资源在内的更多资源,这些资源都构成城市品牌的一部分。在城市品牌信息对外的传播过程中,不同的利益相关者向外传递的城市信息不同。因此,城市品牌在营销中的目标市场比企业更复杂和多样,不是资源在城市品牌中的简单叠加,而是更加抽象化,并且具有象征性。从品牌的经济属性来看,城市品牌是公共物品,具有正向的外部经济效应,而企业品牌是私有物品,具有竞争性和排他性(李光明,2007)。以经营理念为出发点的城市品牌形象的建设,是立足于区域经济协调发展基础之上的城市竞争的表现,是一种合作互补、良性发展的竞争。城市品牌形象的建构主要在于打造城市品牌价值核心,塑造城市品牌特质,为城市品牌形象传播提供支撑。因此,要在城市设计中提升城市特色,梳理出独特的城市意象要素,经过城市规划和设计,加强它在城市中的可见性和可达性是值得研究的课题。

以往的很多研究把城市品牌和城市形象当作同一个概念,或者在研究城市形象时没有突出城市作为品牌的属性。品牌与形象的根本区别在于看待问题的视角:品牌是发送者的有意设计,而形象是接受者的认知。城市品牌形象是城市品牌管理的载体和外在表现。城市品牌不能等同于城市形象。城市管理者往往从城市自身所拥有的资源禀赋出发向顾客推销城市,容易忽视城市品牌最终是形成于顾客的内心,需要顾客的理解与体验。

本书认为将城市作为品牌,进行城市品牌形象的研究,需要结合城市规划、管理学相关理论进行交叉学科研究和创新,城市品牌形象的建立不应该只是城市主导者单方面的研究,而是要关注城市利益相关者的视角,研究城市品牌受众的心理感知和体验。塑造城市品牌形象核心的步骤应该是开展城市品牌形象感知调查、明确社会公众的感知评价（宋欢迎 等，2017）。相关研究主要集中在对城市形象的识别和推广问题上，多数研究借助企业形象识别理论，用定性的研究方法为城市品牌形象做了系统的归纳和阐述。

与传统（管理、分析等）思维不同的是，设计思维被认为是解决问题和创造新机会的一种策略或思考方式。Simon（1996）将设计思维定义为一种在现有条件下寻求更好方案的过程。它作为以人为本的设计态度和方法，是概念生成、构造和实现的过程，这个过程考虑人的需求和行为（BROWN，2008）。用设计思维处理问题的方式能够用来处理管理问题（DUNNE et al.，2006），被传统管理思维视为实施障碍的"约束"可以成为推动设计思维过程的关键因素（SIMON，1996）。目前，设计思维的研究主要集中在对行为、现象和结果的描述方面，从设计师的角度出发，带有较强的主观性和经验性，普遍缺乏系统整合与跨领域设计实践的实证研究来验证和优化（李彦 等，2017）。解决大规模的复杂问题时，基于逻辑分析及量化的适当方法和技术往往成为高水平创意设计工作的必要平台。因此，本书借助设计思维的技术和框架，结合定性和定量的分析方法对城市品牌形象进行测量，提出城市品牌形象的评估体系，以设计思维赋能城市品牌形象的创新策略。

1.2 研究问题

目前存在很多测量和评估城市品牌形象（PRAYAG，2010）或品牌形象感知的研究（YE et al.，2020）。但是，从顾客价值的视角以多个城市为样本评估受访者对品牌形象的内在认知的研究很少。因此，有必要以多个城市为研究对象，了解城市主要的利益相关者对城市品牌形象的心理认知，为城市品牌形象开发评估指标，从而进一步构建设计策略和指导。本研究所用数据是来自中国内地四个一线城市的居民和去过四个一线城市旅行的游客，通过对这些受访者定性访谈和量化分析得到的，用以研究以下问题：

问题一：利用设计思维的系统工具，调查研究、定义问题、形成概念、搭建原型，构建城市品牌形象的研究框架。

问题二：利用扎尔特曼隐喻提取技术（Zaltman Metaphor Elicitation Technique, ZMET）进行调研，了解利益相关者对城市品牌形象的心理认知。

问题三：构建用户心智模型，绘制城市品牌形象的共识地图，寻找受访者对城市品牌形象的感知差异。

问题四：使用凯利方格法（Repertory Grid Technology, RGT）探索受访者对城市品牌形象的心智模型，形成概念开发城市品牌形象的评价指标。

问题五：构建城市品牌形象管理的理论模型，为城市品牌形象的创新提供策略和建议。

1.3 研究范围界定

1.3.1 一线城市

与商品品牌形象不同，以经营理念为出发点的城市品牌形象的建设是立足于区域经济协调发展基础之上的城市竞争的体现，是一种合作互补、良性发展的竞争，是带有合作性质的网络关系。在我国社会转型发展期，城市扮演着重要角色。它们既是带动地区发展的核心集结点，也是对接世界市场的重要突破口。城市经济竞争力作为城市发展的基石，衡量着城市经济发展的实力，较高的城市经济竞争力表明城市具有较强的经济发展空间和经济发展活力。

从总体格局看，大都市圈格局主导全国经济发展，经济增量竞争力是导致综合经济竞争力差异的主要原因。2021年中国内地综合经济竞争力前4强城市分别是：北京、上海、广州、深圳。位列中国城市可持续竞争力前4名，并且5年排名保持不变[①]。

发达城市可持续竞争力格局基本稳定。就一线城市而言，其可持续竞争力显著引领着全国可持续竞争力的提升。北京[②]、上海[③]、广州[④]、深圳[⑤]四个城市分别引领着京津冀地区、长三角地区和珠三角地区可持续竞争力的提升。因此，本书选择中国不同地理位置的一线城市（北京、上海、广州、深圳）作为代表城市进行研究（表1-1）。

中国内地四大一线城市人口、面积和GDP总量（2021年） 表1-1

名称	人口（万人）	面积（km^2）	GDP总量（亿元）
北京	2189.3	16410.54	40269.6
上海	2487.09	6340.5	43214.85

---

① https://baijiahao.baidu.com/s?id=1681303952347266713&wfr=spider&for=pc。
② 北京（Beijing），简称"京"，古称燕京、北平，是中华人民共和国的首都、直辖市、中心城市、超大城市，国务院批复确定的我国政治中心、文化中心、国际交往中心、科技创新中心，截至2020年末，全市下辖16个区，总面积16410.54km^2。2021年末，北京市常住人口2188.6万人，比上年末减少0.4万人。2021年，北京市全年实现地区生产总值40269.6亿元，按不变价格计算，比上年增长8.5%。全市人均地区生产总值为18.4万元。https://baike.baidu.com/item/北京/128981。
③ 上海（Shanghai），简称"沪"或"申"，是中华人民共和国省级行政区、直辖市、中心城市、超大城市、上海大都市圈核心城市，国务院批复确定的我国国际经济、金融、贸易、航运、科技创新中心。截至2019年，全市下辖16个区，总面积6340.5km^2，建成区面积1237.85km^2。2021年末，全市常住人口为2489.43万人。2021年，上海市地区生产总值43214.85亿元，GDP同比增长8.1%。https://baike.baidu.com/item/上海/114606。
④ 广州（Guangzhou），简称"穗"，别称羊城、花城，广东省辖地级市，是广东省省会、副省级市、中心城市、超大城市、广州都市圈核心城市，国务院批复确定的我国重要的中心城市、国际商贸中心和综合交通枢纽。截至2021年，全市下辖11个区，总面积为7434.40km^2，常住人口为1887.06万人。2021年，全市地区生产总值28231.97亿元。https://baike.baidu.com/item/广州/72101。
⑤ 深圳（Shenzhen），简称"深"，别称鹏城，广东省辖地级市，是广东省副省级市、国家计划单列市、超大城市，国务院批复确定的我国经济特区、全国性经济中心城市、国际化城市、科技创新中心、区域金融中心、商贸物流中心。全市下辖9个行政区和1个新区，总面积1997.47km^2，建成区面积927.96km^2。根据第七次人口普查数据，截至2020年11月1日零时，深圳市常住人口为1767.38万人。2021年，全市地区生产总值为30664.85亿元。https://baike.baidu.com/item/深圳/140588。

续表

名称	人口（万人）	面积（km²）	GDP 总量（亿元）
广州	1867.66	7434.4	28231.97
深圳	1756.01	1997.47	30664.85

资料来源：中国城市统计年鉴

1.3.2 利益相关者

在对地方品牌的研究中，Beerli 和 Martin（2004）认为，地方品牌与我们每天接触到的产品和服务的实体店及零售品牌不同，前者是一个虚拟化的现象，人们对一个区域的真实经历是这个区域的当地人和游览者参观这个特定区域的先决条件。对于虚拟的区域形象来说，口碑被认为是人们形成区域形象很重要的来源之一（SIRAKAYA et al.，2005）。Mitchell 和 Wood 以权力性、合法性、紧迫性三个属性作为界定利益相关者的标准，宋欢迎和张旭阳（2017）在此基础上结合中国的国情将城市的利益相关者分为本地居民、到访者及未到访者。城市的利益相关者具有确定性、预期性和潜在性的特征，因此，本研究的利益相关者也是本地居民、到访者及未到访者，在研究过程中邀请接受深度访谈的受访者以本地居民和到访者为主。

1.4 研究意义

在我国社会转型发展期，城市扮演着不可替代的重要角色，既是带动地区发展的核心集结点，也是对接世界市场的重要突破口。在这样的时代背景下，不断提升城市品牌形象，积极塑造独特的、民族化的、个性化的城市品牌形象，不仅有助于回应当下全球范围内的城市化进程，更有助于帮助我国城市增强凝聚力、吸附力和辐射力。在各城市纷纷构建城市品牌形象的过程中，希望本书能够为城市品牌形象的管理机制提供理论上的建议。

研究方法方面，借助设计思维的系统工具，搭建全书的研究框架，并且使用扎尔特曼隐喻提取技术和凯利方格法分别研究城市品牌形象的感知差异和评估指标。这种做法在既往的城市品牌形象的研究中很少见，希望能为城市品牌形象相关领域的研究方法进行一些尝试。

取样方面，很多关于城市品牌形象的研究是基于对某一个城市的研究，相比之下，本书选用中国几个典型的一线城市作为样本进行城市品牌形象的研究，能够相对客观地了解城市品牌形象影响因素的指标体系，对其他中小城市品牌形象的认识和建立具有借鉴意义。

1.5 结构安排与框架

本研究的框架如图 1-1 所示。

第 1 章绪论，主要介绍本研究的背景与意义，研究目的与内容，界定研究的范围，采用的研究方法与技术路线，以及设计思维在本研究中的谋篇布局。

第 2 章文献综述，经过文献探讨和梳理，界定本研究的关键概念，厘清城市品牌形象的内涵和外延，设计思维在全书中起到框架支撑的作用。

第 3 章调查研究，通过深度访谈，对城市品牌形象的利益相关者的心智模型进行研究，为定义城市品牌形象打下基础。

第 4 章定义问题，基于扎尔特曼隐喻提取技术的应用，提取受访者的关键构念，绘制城市品牌形象共识地图，找到受访者心中的城市品牌形象与官方对城市品牌形象宣传的感知差异，定义城市品牌形象需要解决的问题。

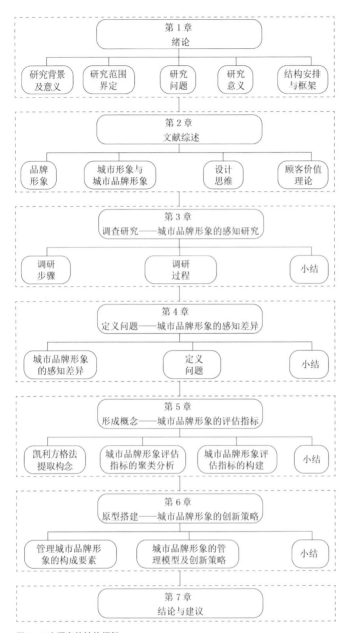

图 1-1 本研究的结构框架
资料来源：本研究整理

第5章形成概念，基于凯利方格法的应用，建立主题与构念矩阵，建立能客观反映城市品牌形象的评估指标体系，为本研究解决的问题形成概念。

第6章原型搭建，构建品牌形象管理的理论模型，为城市品牌形象的创新提供策略。

第7章结论，总结全书及研究贡献。

第 2 章

文献综述

2.1 品牌形象

Levy（1959）提出了品牌形象的概念，认为这是消费者对品牌的总体感知。随着更多品牌的建立和对品牌的研究，很多学者对品牌形象做了相应的研究。Park等学者（1986）认为，企业管理者会为品牌赋予功能性的概念和象征性的含义来满足消费者的需求，这些抽象的含义就是品牌概念，而品牌形象会随着对品牌概念的理解、知觉和评价而逐渐在消费者心目中形成。Blawatt（1995）也认为消费者对品牌的认知过程中会对品牌进行信息加工，而品牌形象就是这个信息加工过程中的重要组成部分。

随着品牌竞争的加剧，一些学者认为品牌形象的建立是使品牌差异化的一个重要手段。Kotler（1991）认为，消费者会因为来自他们个人的记忆、认知、经验的不同，而对特定品牌产生不同的信念，这些信念是区分品牌的重要因素，也是形成品牌形象的关键因素。江明华和曹鸿星（2003）提出，为了达到增强品牌的竞争力，企业品牌管理的核心是塑造消费者心目中正面的品牌形象，用以实现企业营销目标的目的。王长征和寿志钢（2007）对西方学者的品牌形象理论进行研究，根据学者们所强调的研究重点将品牌形象区分为强调心理要素、意义、自我意义、个性四种类型，其中基于消费者的心理要素来界定品牌形象概念的研究一直处于主流，特别是20世纪90年代以来，越来越多的学者把品牌形象看作消费者记忆中的有关品牌的联想或者知觉。

在主流研究中，大部分学者通过对消费者的心理要素等隐性知识作为切入点对品牌形象进行研究，学者们对品牌形象所涵盖的意义的研究大致相同，主要的不同在于品牌形象的构成要素之间的差异。Park等学者（1986）从消费者需求的角度提出模型，认为品牌形象包括功能性形象、经验性形象、象征性形象三个维度。Biel（1993）将品牌形象定义为消费者对品牌的联想，认为品牌形象通过对企业形象、产品或服务形象和使用者形象的联想来体现,将构成三个子形象的属性分为硬属性和软属性。硬属性是有形的和功能性的属性,软属性是情感方面的属性。黄胖兵和卢泰宏(2000)基于Biel的研究,把品牌的功能性形象和情感性形象归结为品牌的阴阳二重性。Keller(1993)探讨品牌形象特性,主要分为品牌联想的形态、品牌联想的强度、品牌联想的喜好度及品牌联想的独特性。Aaker(1997)阐述品牌形象为消费者对品牌的联想,将品牌联想划分为产品质量等11种特性。Reynolds和Gutman根据手段——目的链理论将品牌形象分为产品的属性、使用结果及产品代表的价值观三个方面(王长征 等,2007)。

纵观国内外品牌形象的研究文献,品牌形象的概念从提出至今,主要经历了对品牌的总体感知、品牌差异化手段、研究消费者心理、增加品牌资产等领域的研究,核心都是消费者对品牌的信息进行选择、吸收和加工之后,对品牌持有的知觉记忆、联想和总体评价,最终目的都是为了品牌管理者在管理品牌过程中对受众的正面形象的推广,对心智资源的占有,最后达到在品牌竞争中占据优势地位的目的。品牌形象来自企业管理者对品牌形象的输出和推广,但是消费者根据自己对品牌信息的选择和加工及联想,得到的对品牌的总体感知并不能完全等同于企业塑造的品牌形象。因此,企业了解消费者对品牌的总体感知是否是品牌传达的全部正面形象就尤为重要。

2.2 城市形象与城市品牌形象

著名学者Lynch(1964)提出"城市意象"的概念,依托城市公众印象,出现道路、边界、区域、节点和标志物这五类核心元素,他认为通过这些"城市意象"元素的综合,赋予视觉形式的传达,可以提供一个城市独特的视觉形象。但是从城市设计来看,Lynch的结构性意象要素都只是物质性的要素,因为每一个城市的肌理都有道路、边界、区域、节点和地标。有学者认为，相比城市中物质性的要素，城市的意识形态、风土人情、历史变迁、城市功能等与意象的形成有关的要素更能体现城市特色（徐磊青，2012）。

在城市品牌的研究中，城市形象被视为塑造和培育城市品牌的起点（Brencis et al, 2013）。在城市营销理论框架下，Hankinson（2001）通过对12个城市的研究发现，各城市对其城市品牌的创建以及城市形象塑造方法具有多样性。卡瓦拉兹斯等人（2019）从视觉符号、传播推广角度提出了"城市形象战略理论"。刘易斯·芒福德（2005）从城市历史的角度提出了"城市文化形象建设理论"。城市的发展往往更注重利益群体和经济实力，很多学者从旅游的视角对城市形象进行研究（ČERNIKOVAITĖ et al., 2020）。Duman等人（2018）在对萨拉热窝的城市形象研究中认为，城市形象分为情感形象和认知形象，情感形象来自令人愉快、对游客友好的城市，以及友好和乐于帮助居民的城市；认知形象来自对新旧建筑的结合、干净无污染的城市和城市性质的评估。在对瓦伦西亚形象的评价中，Stojanovic等人（2018）从品牌资产的视角分析了人文景观、自然景观、节庆活动、购物设施及美食等，认为城市的品牌形象包含了品牌态度和品牌质量。Ye和Jeon（2020）从旅游的视角对中国城市品牌的符号形象尺度做了研究，他们认为研究旅游城市品牌形象，总是离不开旅游要素和态度两个维度。但是，Kavaratzis和Kalandides（2015）主张不要将城市的目标形象受众分为重要的和不太重要的因素。应该让尽可能多的利益相关者参与到城市形象塑造战略和目标群体中，有必要分析现有的城市品牌形象和观点，将结果与预期相比较，以便形成积极有效的城市形象（ČERNIKOVAITĖ et al., 2020）。

城市品牌存在于顾客[①]的内心，反映出顾客对城市的理解和认同，

[①] 文中提到顾客时，经常将之与"消费者"一词互换使用。这可能会使读者感到有些乱，但这是不可避免的。因为这种互换用词有时是为了保持引用文章的原貌，有时是为了与以往研究中的习惯用法（比如"顾客价值理论"而非"消费者价值理论"）相一致。本书中提到的城市品牌的顾客（或消费者）属于城市的利益相关者。

城市顾客常常会根据与城市特征无关的要素在头脑中形成对城市品牌的认识（AMBLER et al.，1997）。有一部分学者认为相较于产品品牌，城市品牌的主观性更强（ANHOLT，2002）。因此，有学者从顾客感知的视角进行城市品牌的研究（KAVARATZIS，2004）。胡梅和苏杰（2014）认为城市情感认同对顾客的城市品牌感知的影响更大，城市管理者有必要考虑顾客是如何理解城市的，明确在顾客心中哪些要素会对城市品牌感知产生积极或不积极影响。纪春礼和曾忠禄（2017）从顾客感知的视角，用绘制品牌概念地图的方法，在进行城市居民对旅游城市品牌形象感知的研究中，展示了城市居民对城市品牌形象的联想，并且以连接强度的强弱判断城市居民对城市品牌形象的感知。虽然有些文章只是研究城市品牌而不是直接研究城市品牌形象，但仍然可以看出学者们在对城市品牌利益相关者的感知进行积极探索。

需要注意的是，很多研究中城市形象和城市品牌形象往往被看作是同一个概念，它们都被认为是城市品牌的外在表现，是受众对城市的印象的总和。Kapferer（1994）根据品牌管理理论，认为从企业的视角构建品牌形象为品牌识别（Brand Identity）。企业为了建立品牌形象识别，需要明确品牌的价值主张和发展目标，代表了品牌发展的理想状态（范秀成 等，2002）。因此，建立品牌形象识别的主角是企业的管理者。品牌形象的建立是主动的，是企业管理者管理的体现，企业管理者负责对品牌形象进行传播和推广；品牌形象的接受者是消费者，负责接收品牌的信息。

由此可见，城市品牌形象的内涵源自品牌形象，是利益相关者对城市品牌的总体感知，城市品牌形象比城市形象更加注重管理者对品牌的管理和推广。城市形象更多的是城市在发展的过程中受众对城市自发形成的印象，它本质上没有品牌的属性。而城市品牌形象是把城市当作产品一样进行品牌管理，具备品牌的属性。作为城市品牌的重要构成元素，城市品牌形象是将城市形象以品牌经营的方式进行策划管理。良好的城

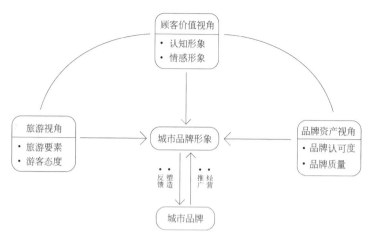

图 2-1 理解城市品牌和城市品牌形象的框架图
资料来源：本研究整理

市品牌形象本质上是把城市当作一种特殊商品来经营的，它是城市核心竞争力的外在表现，也是城市管理水平和可持续发展潜力的直接体现（图 2-1）。

2.3 顾客价值理论

顾客价值被视为竞争优势的来源，是市场营销领域理论界和企业界共同关注的课题。Zeithaml（1988）先从顾客视角提出顾客价值：顾客所能感知到的利得与其在获取产品或服务中所付出的成本进行权衡后，对产品或服务效用的整体评价。Kotler 和 Turner（1997）明晰了 Zeithaml 的效用和成本的具体内涵，完善并充实了顾客价值得失要素，尤其是顾客让渡价值（Customer Delivered Value）是很有代表性的观点。Woodruff（1997）提出企业只有提供比其他竞争者更多的价值给客户，才能保留客户，从而在竞争中立于不败之地。

他还指出感知价值是顾客对特定使用情境下,有助于(有碍于)实现自己目标的产品或服务的属性、实效与使用结果的感知偏好与评价,同时顾客在做出判断和评价时考虑了其他竞争企业的产品或服务(李满 等,2008)。顾客价值在消费者行为研究中常被视为顾客感知价值或感知价值的同义词(GALLARZA et al.,2006)。van der Haar(2001)等人的顾客价值模型从企业和顾客两个角度阐述了价值从产品形成到市场流通的整个过程。企业依据自身的战略和资源形成想提供的价值,顾客有自己期望的价值,两者之间存在一定的感知差距。通过研究顾客价值,企业就可以缩小感知差距,提供真正为顾客所需要的价值。

总的来说,顾客感知价值源于顾客的主观判断,核心是顾客的感知利得与感知利失之间的权衡,也就是产品或服务的质量、效用、利益与总的货币或非货币成本之间的衡量,并且受到具体情景和个人偏好等因素的影响,产品或服务的提供者无法控制和决定(李满 等,2008)。以品牌营销理念经营的城市品牌形象也一样,管理者构建城市品牌形象,也需要城市管理者借由顾客价值理论,了解利益相关者的需求,调整城市品牌形象构建策略,缩小利益相关者的感知差异,在发挥地区资源优势的同时,将城市品牌形象塑造成一种有竞争力的商品。

2.4 设计思维

经济学家 Simon(1996)1969 年在他的著作《人工科学》中提出了设计是一种思维方式的观点。哈佛大学设计学院教授 Rowe(1907)在其《设计思维》 书中第 次使用"设计思维"的概念。Buchanan(1992)认为设计思维可以扩展到社会生活的各个领域,并发表了有关"设计思维中的难题"的文章。之后的 2005 年,斯坦福大学建立了名为 D.School 的设计学院,运用设计思维将各个学科的学生组织起来解决复杂的问题,并致力于推广设计思维①。

学者们主要聚焦于设计思维的理论体系和实践方法研究。Martin 等人(2012)认为通过分析思维能够推断出过去的一般性规律,而直觉思维则能帮助人们获得创造未来的灵感,分析思维和直觉思维融合为设计思维。历届设计思维研讨会探讨了广泛社会背景下的设计研究,关注研究过程中的活动与产生的结果,研究设计思维在商业、工业、教育、社会服务等领域的作用及实际应用方法和策略(CROSS et al.,2018)。很多知名企业也都非常重视设计思维的应用,如万国商业机器(IBM)、宝马(BMW)、通用电气(GE)、微软(Microsoft)等公司都对员工进行了这方面的培训。设计思维在多个行业和领域中的应用实践证明,它是一种综合了产品、服务、空间、结构、经验的复杂系统的方法,其中包含了由设计者获取相关事物的方法(李彦 等,2017)。可见,设计思维需要研究和使用的过程中进行多方考虑,这个过程包括组建多领域背景团队的过程和各阶段的交流过程。

设计咨询公司 IDEO 的创始人布朗(Tim Brown)根据设计驱动企业改革创新的成功经验认为设计思维是一种以人为本的创新方法(布朗,2011)。他认为设计思维是"用设计者的感知和方法去满足在技术和商业策略方面都可行的、能转换为顾客价值和市场机会的人类需求的规则"(BROWN,2008)。可见,具备同理心,从顾客的视角理解事情,系统地看待问题是非常有必要的。设计思维是以人为中心的创新过程,目的是寻找创新的解决问题的方案,这个创新解决问题的过程需要诱导出顾客的真实需求,而不是简单的系统要求(ARAÚJO et al.,2015)。设计思维的目标是让利益相关者都参与到整个研究过程中,而不是具体的设计产品或者专业设计的替代品,它是一种创新的系统性的方法(LOCKWOOD,2010; CARLGREN,2013)。总的来说,

---

① http//dschool.stanford.edu/our-point-of-view/ #innovators。

设计思维是一个以人为本、具备普遍适用性和跨学科跨领域的方法，是一种可以发现问题的解决方案，并以多种方式激发创新思维的途径（LUGMAYR et al.，2014）。

设计思维的理论和实践证明，要成功地使用它，需要有两个基本的要素：第一，以问题为导向，没有预想的概念和期望，要求研究者或实践者进行跨学科或跨领域的研究与合作；第二，解决方案需要具备可行性（SCHRANK，2015）。斯坦福大学 D.School 给出了包含五个阶段的设计思维过程模型：同理心—定义—概念生成—原型化—测试（PLATTNER，2010）。后来的研究者在这个基础上做出调整：比如 Lugmayr 等人（2014）在"同理心"阶段前面加了"自学习"阶段，该阶段要求学习和掌握有关创新、设计思维以及相关领域的背景知识，使研究者对设计思维及其相关内容有更好的理解；Araújo 等人（2015）将"同理心"和"定义"阶段合并为"研究"阶段；Ratcliffe（2009）则将"同理心"阶段分成"理解"和"观察"两个子阶段来实施和操作设计思维。由此可见，设计思维是一种系统工具，它的使用不见得一成不变，应该针对具体问题进行具体分析。

本研究借助设计思维作为系统工具，通过调查研究—定义问题—形成概念—原型搭建的结构和流程，根据顾客价值理论，从利益相关者的视角研究城市品牌形象创新的理论模型。研究主要分为四步：第一步，调查研究。通过对利益相关者的深度访谈，获得利益相关者内心真实想法的第一手资料，了解利益相关者在城市中的体验和需求。第二步，定义问题。通过构建利益相关者的心智模型，绘制城市品牌形象的共识地图，探索对于城市品牌形象的官方宣传和利益相关者感知之间的差异，定义城市品牌形象的研究问题。第三步，形成概念。通过探索利益相关者内心对城市品牌形象的隐性认知，提取利益相关者对城市品牌形象的价值取向和选择偏好，提出基于顾客价值的城市品牌形象评估指标，形成研究城市品牌形象问题的基本概念。第四步，

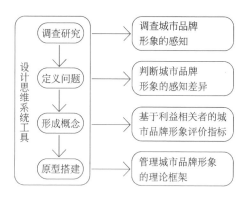

图 2-2 设计思维系统工具在本研究中的应用
资料来源：本研究整理

原型搭建。根据前面三个环节的研究，得到城市品牌形象创新策略的理论框架（图 2-2）。

2.5 小结

本章对研究中涉及的核心概念和关键理论做了梳理和评述，为后续的研究提供了理论依据。

首先，理清品牌形象的概念和构成，在此基础上对城市品牌形象进行界定和评述，对于以往研究中城市形象和城市品牌形象的概念互用的问题做了概念辨析。本研究认为城市品牌形象相比城市形象，前者包含了品牌的属性，是城市品牌管理者主导的城市形象的输出再传达给利益相关者的感知总和，而不单纯是城市的利益相关者自发对城市印象的感知，这为研究利益相关者对城市品牌形象的感知及城市管理者主导的城市品牌形象的输出之间的差异提供了理论依据，并且梳理出理解城市品牌和城市品牌形象的框架，也为提出本研究后期的城市品牌形象的创新策略打下理论基础。

其次，对顾客价值理论做了梳理。对城市品牌形象的研究越来越多地考虑到顾客的利益，很多研究是从顾客价值的视角进行的，因此本研究对顾客价值理论的应用做了综述，发现顾客价值理论常常被营销视角的城市管理研究所用。

但是，以往的研究中很少有以设计思维作为系统工具对城市品牌形象进行研究的。设计思维强调要基于利益相关者的视角系统地研究问题，因此，本研究借助顾客价值理论，以设计思维为系统工具，对本研究的核心问题——城市品牌形象的创新进行研究，为目前城市品牌形象的研究做一些尝试。

第 3 章

调查研究
——城市品牌形象的感知研究

本章主要对城市品牌形象的心智模型进行调查和研究，了解隐含在受访者内心深处的心理活动，确定受访者对城市品牌形象的感知和理解。彼得·圣吉（Peter Senge）对心智模型的定义是"人们对事物的根深蒂固的假设、概括，影响着人们如何理解世界以及怎样采取行动"，其实就是研究人们的思维模式或思想观念（岳建秋 等，2007）。一段时间的积累形成人们对事物的观念或者看法，并会影响到人们的行为模式（黄群 等，2009）。由此产生的行为经过反馈又成为人们强化心智模型的依据。在营销学领域，学者通过研究消费者心智来获取他们对消费品市场的认知。这些认知能很好地反映消费者的消费倾向和价值观，并影响消费者的购买意识，进而影响购买行为（岳建秋 等，2007）。消费者心智同消费购买力一样是有限的，这种有限性意味着消费者心智的稀缺，并由此引起品牌的竞争，这些特性意味着在研究品牌竞争力时必须将消费者心智当作资源（邓德隆，2003）。心智模型是做出决策的基础，也间接成为品牌之间竞争的重要资源。因此，本研究通过探索城市品牌形象的心智模型，了解城市利益相关者内心深处对城市的认知及其相关的心理活动。

在以往对城市品牌形象感知的研究中，使用隐喻抽取技术进行分析能够实现更大程度上的"感知真实"，它能够实现经由构念间的关系分析来传递受访者的心理，与形象结合能更完整地体现出受访者心中城市品牌的意义（田琪 等，2019）。本研究用扎尔特曼隐喻提取技术构建城市品牌形象的利益相关者心智模型，完成设计思维框架下的调研工作，进而对具体研究问题进行定义。现有的主要测量品牌形象的方法有传统的量表技术，但是对于隐藏在消费者心目中的联想以及消费者本人都容易忽略的意识来说，隐喻提取技术有一定的优势（王长征 等，2007）。扎尔特曼隐喻提取技术是由哈佛商学院的扎尔特曼（Gerald Zaltman）教授所发明，以图片为基础，通过深度访谈、攀梯法等技术，提取隐藏在受访者心中的关于主题的构念，进而整理构念之间的关系，构建受访者心智模型，建立共识地图的一种研究方法（ZALTMAN et al., 1995）。

3.1 调研步骤

1. 确定要素，选取样本

隐喻提取技术的三个要素：访谈主题、受访者以及隐喻图像（ZALTMAN，1988）。

2. 深度访谈，提取初始构念

深度访谈法指研究者与被访者通过面对面交谈，了解受访者的内心感知、感受和想法。研究者引导受访者探究调查的问题，帮助受访者更深入地思考和表达问题（巴比，2020）。构念是受访者根据自身经验所总结或创造出的关于事物的关键描述，常用短语或者词汇表达。通过对受访者一对一的深度访谈可以使受访者从自己的经验中提取意识不到的想法，提取初始构念（郑德宏，2019）。

3. 筛选出关键构念

建立共识地图的关键是识别起始构念、关联构念、终结构念。起始构念是思考的起点与开端，在构念关系中它们是产生其他构念的基础和依托。受访者在对这些作为起始构念的对象物的感受和体验中引发连接构念和终结构念。关联构念在构念关系中起着承上启下的作用，它们在被一种构念影响的同时也影响着其他构念。终结构念一般为构念最终的指向、最终的结果。提到同一个构念的人数需要占总受访者人数的 1/3 才能留下来作为关键构念，以便备选入共识地图（王泓砚 等，2019）。

4. 绘制共识地图

为了得到多数受访者对研究主题的共识，遵循收敛原则，提到同一个构念的人数需要占总受访者人数的 1/3，提到构念之间的关系的人数要占受访者总数的 1/4，能同时满足这两个条件的构念才能最后纳入共识地图中（ZALTMAN et al.，1995）。

扎尔特曼隐喻提取技术的研究步骤如图 3-1 所示。

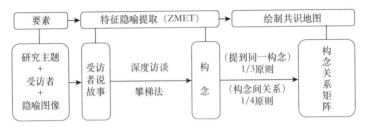

图 3-1 扎尔特曼隐喻提取技术的研究步骤
资料来源：本研究整理

3.2 调研过程

3.2.1 样本选取

访谈主题分别是 4 个一线城市北京、上海、广州、深圳。邀请对研究主题感兴趣和有过城市旅行或者居住体验的利益相关者作为受访者参与研究，分别加入北京组、上海组、广州组、深圳组。根据验证，ZMET 技术只需收集 5 位以上的受访者的想法就能得到大样本 90% 左右的构念，构念会趋于饱和（ZALTMAN et al.，1995）。因此，本研究选取的 23 名受访者中 5 人加入北京组，5 人加入上海组，7 人加入广州组，6 人加入深圳组，研究同步进行（表 3-1）。

隐喻图形的寻找过程。首先受访者收集感官被外界刺激的图片，传递给大脑形成感官影像，再将影像和过往的经验联系起来，用以判断是否表达了对研究主题的感受（ZALTMAN et al.，1995）。本研究邀请 23 名受访者每个人以所在组别的城市为主题寻找相关的印象深刻的图片 9～10 张，这些图片可以来自网络、书籍、杂志，也可以是受访者自己拍摄的照片，受邀的 23 名受访者一共提供 229 张图片，研究者不诱导图片的选择，也不参与筛选图片的过程。

受访者基本信息表　　　　表 3-1

受访者编号	组别	性别	年龄	现居地	提供照片数量
A1	北京	男	25	北京	10
A2	北京	男	24	海口	9
A3	北京	男	24	温州	10
A4	北京	女	36	珠海	10
A5	北京	女	24	深圳	10
B1	上海	女	38	上海	10
B2	上海	男	45	珠海	10
B3	上海	女	46	上海	10
B4	上海	男	28	太原	10
B5	上海	女	34	常州	10
C1	广州	男	42	广州	10
C2	广州	男	46	广州	10
C3	广州	男	29	广州	10
C4	广州	女	37	广州	10
C5	广州	男	34	广州	10
C6	广州	女	42	中山	10
C7	广州	男	35	广州	10
D1	深圳	女	36	顺德	10
D2	深圳	男	38	深圳	10

续表

受访者编号	组别	性别	年龄	现居地	提供照片数量
D3	深圳	女	44	衡阳	10
D4	深圳	男	37	长沙	10
D5	深圳	男	40	南京	10
D6	深圳	男	35	佛山	10

资料来源：本研究整理

3.2.2 深度访谈

每一组受访者被邀请选取与各组主题相关的隐喻图像，7天后，针对每一张图说故事。面对图片，受访者讲出背后的故事，研究者从故事中提取关键性短语用作构念。有时候受访者描述得到的构念比较表面，需要研究者结合攀梯法从表面探寻更核心的构念，深度挖掘受访者对主题图片的态度或感受，比如追问"这对你来说意味着什么"，"为什么这对你来说很重要"等（郑德宏，2019）。只要现有数量的研究对象所负载的构念趋于饱和，就可以认定现有的样本数足以支撑研究（王泓砚 等，2019）。所以，本研究得到了故事内容和初始构念，以上海组为例，其他城市主题的受访者的访谈资料和起始构念调研资料见附录A。

故事：由受访者亲自讲述，本书记录整理如下：

故事　B1-1 上海陆家嘴金融中心

资料来源：受访者拍摄

"陆家嘴位于浦东新区的黄浦江畔，与外滩隔江相望，中国最具影响力的金融中心之一，上海最有魅力的地方。这里汇集了东方明珠、上海国际会议中心、环球金融中心等高楼大厦，林立的摩天大楼让人仿佛置身于一片城市森林。陆家嘴是众多跨国银行的东亚总部所在地。夜色下的上海陆家嘴非常迷人，走在陆家嘴的马路上，能看到车如流水马如龙的繁华景象。这些景象就是一种经济发展好的证明"

构念提取：陆家嘴、黄浦江、浦东新区、金融、繁华、奢华、灯红酒绿、不夜城、摩登、魅力、东方明珠、上海国际会议中心、环球金融中心、交通繁忙、经济发展

故事　B1-2 上海当代艺术博物馆

资料来源：受访者拍摄

"上海当代艺术馆的建筑是由原来的发电厂改建而成。它是中国大陆第一家公共当代艺术博物馆,也是上海双年展的主要场馆。它见证了上海从工业时代到信息时代的转变,其粗暴的工业建筑风格为艺术工作者提供了丰富的想象力和创造力"

构念提取: 当代艺术、改造、创造力、文化、博物馆、双年展、工业遗址、想象力、公共艺术

故事　B1-3 上海西岸油罐艺术中心

资料来源:受访者拍摄

"上海油罐艺术中心是全球为数不多的油罐空间改造案例之一。曾服务于上海龙华机场的一组废弃航油罐,经由OPEN建筑事务所6年的改造而'重获新生',成为一个综合性的艺术中心,其所在的上海西岸本身是近年来相当活跃的文化艺术聚合区。油罐艺术中心室外是向公众开放的公园,室内则是丰富的展览和活动空间。新建建筑低调地消隐于地景和公园之中,这不仅是对工业遗存的尊重,也是对都市人渴求自然的回应,更是对建立一种新型艺术机构的探索"

构念提取: 当代艺术、工业化、展览、废旧改造、创意、油罐艺术中心、废弃、工业遗存、艺术聚合区、公园、公众开放、亲近自然

故事 B1-4 上海武康路大楼

资料来源：受访者拍摄

"武康大楼原名诺曼底公寓，位于淮海路和武康路的交界处，是武康路标志性建筑。它外形犹如等待起航的巨轮，由匈牙利设计师邬达克设计，是上海最早的外廊式公寓建筑。许多著名电影艺术家曾居住于此。武康大楼在上海人眼中是建筑物中的"老克勒"，以近百岁高龄依然优雅矗立于淮海中路上，经过整修后，外墙为棕色小格子的设计，大楼一层多为低调商铺，如大隐书局等，三楼以上是住户，大楼内电梯门为金色，彰显着欧洲的浪漫和上海的风情"

构念提取：浪漫、优雅、公寓洋房、欧式、武康路大楼、电影

故事 B1-5 莫干山路 M50 创意园区

资料来源：受访者拍摄

"M50创意园在莫干山路50号,原为上海春明粗纺厂,于2000年开始转型为艺术创意园区。这个工业气息浓厚的地方,吸引着全球各地的艺术工作者的到来。

来这里能和朋友漫无目的地闲逛,看见好看的展览就进去逛一圈,在有趣的店铺稍稍停留,洒脱的民谣传入耳中,逛累了就去极具工业风的咖啡店里放松,美好的下午就这样度过。相比上海其他的创意园区,这里商业气息不厚重,氛围文艺又休闲,随处都是有趣的展览和特色的背景墙"

构念提取: 创意、当代艺术、工业气息、休闲、咖啡、文艺、工业遗址、商业气息、展览

故事　B1-6 中苏友好大厦

资料来源: 受访者拍摄

"中苏友好大厦是上海解放后建造的第一座宏大建筑。它于1954年开工建造,后更名、扩建为今天的上海展览中心,是上海重要的城市地标,为俄罗斯古典主义建筑风格,建筑庄严大气地面朝南边沿中轴展开,中央大厅上方的红色五角星熠熠生辉。这颗红玻璃的五角星是20世纪50年代'夜上海'的一个标志,见证了半个多世纪以来上海的城市变迁"

构念提取: 古典主义、庄严、红色、展览、俄罗斯、变迁、中苏友好大厦、历史悠久、夜上海

故事　B1-7 豫园

资料来源：受访者拍摄

"上海豫园素有'城市山林'之誉，是明代的私人花园，也是著名的江南古典园林。它坐落于黄浦区老城厢东北部，建于1559年。全园布局具有明、清两代南方建筑艺术风格，且保存完整，曲桥水榭、亭轩楼台一应俱全。小园曲折迂回、疏密有致，楼阁参差、山石峥嵘、湖光潋滟，素有'奇秀甲江南'之誉，充分体现了中国古典园林的建筑设计风格。每次去豫园，人都很多，很拥挤。"

构念提取：园林、私人花园、古典、历史悠久、明清两代、豫园、拥挤

故事　B1-8 中山公园

资料来源：受访者拍摄

"上海中山公园原是在上海的英国大房地产商霍格的私家花园，1914 年改建为租界公园。公园面积不大，空气和环境都很好，闹中取静，凉亭、假山、草地、花圃、河塘、儿童乐园等一应俱全，是附近居民户外活动的场所。

公园以英式自然造园风格为主，融合中国园林艺术之精华，中西合璧，风格独特，是迄今上海原有景观风格保持最为完整的老公园"

构念提取：闹中取静、中西合璧、亲近自然、健康、中山公园、绿色、休闲

故事 B1-9 上海静安寺

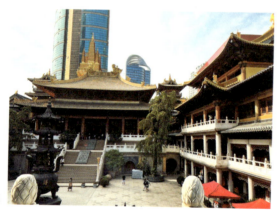

资料来源：受访者拍摄

"静安寺是上海著名的佛教寺院，静安区即由静安寺而得名。始建于三国赤乌十年（公元 247 年），即三国孙吴年间，已有 1770 多年历史。虽然整个寺庙的占地面积并不是很大，但是里面的建筑还是值得一看的，毕竟是寸土寸金的城市商圈中心，地理位置优越。外观也比较壮观，金碧辉煌。在如此繁华的城市商业化中心存在这么一片净土也是非常有趣的一件事"

构念提取：宗教、寸土寸金、金碧辉煌、香火气、静安寺、历史悠久、商业中心、壮观、金色、净土

故事　B1-10　上海万国建筑群

资料来源：受访者拍摄

　　"万国建筑群由哥特式、罗马式、巴洛克式等52幢风格迥异、中西合璧的古典复兴大楼组成。这里曾是老上海的金融中心、外贸机构的集中区域、'金融街'，又有"东方华尔街"的美誉"

　　构念提取：灯红酒绿、车水马龙、包容性、川流不息、西洋、万国建筑群、古典主义、银行、金融、哥特式、罗马式、巴洛克式、中西合璧、历史悠久、东方华尔街

故事　B2-1　外白渡桥

资料来源：受访者拍摄

"桥梁是全钢结构,是连接沪北、沪东的重要桥梁。桥梁跨度不大,但桥梁样式有种老上海的感觉,交错的拱形结构有种工业之美,有工业革命的深刻烙印。桥上车水马龙,繁忙来往的车辆和人群也让人感觉到上海都市的快节奏与繁华"

构念提取: 老上海、钢结构、繁忙、工业化、快节奏、车水马龙、外白渡桥

故事 B2-2 上海迪斯尼乐园

资料来源:受访者拍摄

"迪斯尼乐园里的卡通形象、明快的色彩、城堡建筑营造出童话般梦幻世界,能够勾起每个人童年的回忆。每天参观游玩的人众多,游玩项目新鲜丰富,感受到热闹的人气,夜晚的灯光与烟花也营造出璀璨浪漫的气氛"

构念提取: 卡通形象、城堡建筑、童年、梦幻、新鲜青春、热闹、浪漫、快乐、上海迪斯尼、夜景、烟花

故事 B2-3 豫园

资料来源：受访者拍摄

"豫园坐落于上海市黄浦区，是建于明代的古典园林。豫园共有西部、东部、中部和内园四个景区。其中内园称为"园中之园"，只有二亩一分八厘六毫大，袖珍却十分精致。游览其中让人有种愉悦轻松的感受，夜晚灯光更增添了现代的魅力"

构念提取：古典园林、明朝时期、袖珍精致、愉悦轻松、现代感、历史悠久、夜景

故事 B2-4 上海生煎包

资料来源：受访者拍摄

"上海生煎包是著名的上海美食,据说已有上百年的历史。上海生煎包外皮底部煎成金黄色,上半部撒一些芝麻、香葱。闻起来香香的,咬一口满嘴汤汁,颇受上海人欢迎。成品面白,软而松,肉馅鲜嫩,中有卤汁,咬嚼时有芝麻及葱香味"

构念提取: 历史悠久、金黄、肉嫩多汁、满嘴汤汁、生煎包、上海美食、嗜甜

故事 B2-5 龙美术馆

资料来源:受访者拍摄

"龙美术馆西岸馆位于上海市徐汇区的黄浦江滨。新的设计采用独立墙体的'伞拱'悬挑结构。新的建筑以废旧建筑为载体,从内部生长出新的建筑机能与组织结构,具有巨大的空间张力"

构念提取: 破旧与新生、建筑功能转化、空间张力、工业遗址、建筑、美术馆

故事 B2-6 拥挤的地铁站

资料来源：受访者拍摄

"上海早高峰的地铁站人山人海，地铁系统承载了巨大的客流量。身处地铁站内，让人一下子就感受到了上海快节奏的生活、光鲜生活背后的艰辛以及特大城市交通系统的巨大压力与挑战"

构念提取：艰辛、繁忙、地铁、快节奏、特大城市、客流量

故事 B2-7 老上海广告画

资料来源：汇图网，
https://www.huitu.com/design/show/20191023/124645450070.html

"老上海广告画在民国时期兴起，题材主要是女性形象，一般的穿着是旗袍。老上海广告画曾风靡一时，随着现代广告形式和载体的更新，老上海广告画退出了历史舞台。老上海广告画反映出民国时代上海人的日常生活，今日看来，复古中又有时尚元素"

构念提取： 旗袍、女性、日常生活、复古又时尚、老上海广告画

故事 B2-8 上海丝绸

资料来源：受访者拍摄

"上海是中国丝绸的重要产地和出口地之一。绸、缎、绫、罗等应有尽有，花色繁多，丝绸光滑、柔软、细腻、精致深受消费者的喜爱。上海纺织业发达，有东华大学（原中国纺织大学）等设有纺织专业、服装设计专业的高校。上海人的性格有点像丝绸：细腻、精致、柔软"

构念提取： 光滑、柔软、细腻、精致、上海丝绸、对外贸易、纺织业

故事　B2-9 凌空 SOHO

资料来源：汇图网，
https://user.huitu.com/Buy/Down?pId=23543424

"扎哈·哈迪德设计的凌空 SOHO。凌空 SOHO 结合 BIM 系统，采用全新一代的智能楼宇节能管理系统，实现碳减排的目标。流线型的建筑线条彰显了科技感，建筑中间的水景倒映出建筑形态与灯光效果，充满了未来感，为上海的夜晚增添美景，有种魔幻的感觉"

构念提取：环保、低碳、科技感、未来感、凌空 SOHO、流线型、上海夜景、魔幻

故事　B2-10 多元人群

资料来源：攀达汉语，
http://www.prcba.com/news/10791.html

"上海外国人人数较多，人口结构趋于多元，经常会在街上看到不同肤色的人在上海生活，说明上海具有开放、包容的城市属性，接纳多元的人群和文化。不同的价值观，也带来城市活力的提升"

构念提取： 多元人口、开放包容、多元文化、城市活力

故事　B3-1 地铁站

地铁站
资料来源：受访者拍摄

"由于自己住在上海都市圈的缘故，坐车过去只要40多分钟，往来非常便捷，平时乘客少，通常可以半日或一日内往返。以前会定期去上海银行给家里人办业务。一般上午乘高铁到虹桥站，下了高铁乘地铁直奔目的地办事儿，可能只要2个小时以内就能把事办完，如果不着急走的话，剩下的时间会吃点东西再找个目的地顺便逛逛。通常来说，去上海的行程都是没有具体严格计划的，不像去比较远的地方旅游，还会做攻略之类的。因为这种交通上的便利，以及这座城市商业和活动的频繁，一般利用一些网站和App就能轻松查找到最新的活动资讯，所以根据实际情况随时确定行程就可以。剩下的时间一般会看看一下有没有感兴趣的展览或一些有趣的商业活动，也会去拜访一下老同学，都是说走就走的旅行，我觉得便捷是实实在在能感受到的。就像我随手拍的这张照片，记得当时是无印良品的某一家旗舰店开业，因为从微信上看到了开业活动信息，所以办完事就决定去转转，从附近地铁站出口拍到了这个优衣库的动态广告，拉着行李箱的人就入镜了，他可能是刚到上海的旅客，或是拉着箱子准备采购的代购，很难说，但就是能体现出'不断移动中的城市''闲适的城市'这样的感觉"

构念提取： 移动、便利、城市、商业、活动频繁、展览、地铁站、交通枢纽

故事　B3-2 旗袍

资料来源：受访者拍摄

"旗袍是老上海风情万种的符号，服装是能够代表思想的载体，附着在它本身之上的更为深刻的内涵，带给中国和世界深深的影响，彰显着中国独有的风采与风韵。

海派旗袍时尚、洋气，对西式服饰特点兼收并蓄；强调合体身段，多元化；花纹、样式受西方影响，采用现代元素，如几何纹样。作为海派旗袍的代表，龙凤旗袍具有独特的设计思想和精妙的制作技艺，其制作是中国传统工艺和西方测量裁剪技术综合运用的过程，更是中国传统服饰工艺的精华之一。龙凤旗袍的盘扣是旗袍服饰中的点睛之笔，增添了与旗袍风格相称的装饰韵味，同时也体现出传承与革新的工艺之美。在生产车间和门店里陈列的精美的盘扣，被单独地装裱与展示，成为具有收藏价值的工艺品，它们突破了龙、凤、孔雀、福、禄、寿、喜、吉祥如意等传统图案，努力求新、求变，将服装配件的美学价值发挥到了极致"

构念提取：旗袍、风情万种、海派、多元化、独有、时尚洋气、中西结合、工艺之美、创新、上海品牌

故事　B3-3 外滩

资料来源：受访者拍摄

"外滩矗立着52幢风格迥异的古典复兴大楼，素有外滩万国建筑博览群之称，是中国近现代的重要历史遗迹及代表性建筑，是上海的地标之一。

"外滩远景总是会出现在各大影视剧中，例如民国剧、谍战剧中表现老上海的纸醉金迷，与风起云涌的战争背景形成对比，很魔幻现代都市剧中这些传统老建筑与繁华现代生活交织映衬，又体现了上海作为'魔都'的鲜明特性，无论是在哪个时代背景之下，这些镜头都是上海作为先进、繁华之地与中西交融地的代表。这些取景对于影视剧的海外输出也具有优势，国外观众往往凭着这些镜头充分调动对于上海的理解和想象，非常亲近国际市场，可谓是对上海城市形象的不断强化"

构念提取： 纸醉金迷、现代、繁华、魔都、先进、中西交融、战争、国际市场、魔幻

故事　B3-4 上海设计周

资料来源：上海国际设计周

"家住常州，上学时期在无锡，因距上海较近，过去经常去上海看展，车展、工业设计展、双年展、上海设计周、各大博物馆、艺术街区去了不少。去上海的大部分原因都是由于专业所需。上海作为设计之都名副其实，也算是长三角的设计中心和交通枢纽。新冠肺炎疫情前曾连续三年参与了上海设计周，每次都要逛将近一天，能了解和体验到最前沿的设计咨询。许多设计师个人品牌也连续出现在每一届展览上，我从不认识到眼熟并关注了许多设计品牌的公众号。不清楚这两年疫情下，上海的设计活动少举办了多少，转到线上了多少，至少，上海这座城市在设计界依然是一个不可或缺的阵地"

构念提取： 展览、博物馆、艺术街区、前沿、设计活动、设计品牌、设计师、交通枢纽

故事　B3-5 繁忙上海

资料来源：受访者拍摄

"上海是一个非常繁忙的城市，但又不同于一般工业城市的繁忙，高速的节奏中带着一种新潮的格调。那种繁忙体现在生活工作节奏很快，活动时间很长，就比如坐地铁的感受，相比杭州地铁，上海地铁的行驶速度和语音播报速度都是极快的。晚上9时到10时的城市不仅车水马龙、灯火通明，也是一天中特别繁忙的一个时段，在地铁站中转人行道、街头十字路口边，就能感受到下班大军异常庞大的'体量'，如潮水一般涌过来，混乱中却也能寻得它独有的规律，但假如你不熟悉这座城市，在这座城市里的步调确实会显得特别格格不入"

构念提取：繁忙、快节奏、地铁、混乱、拥挤、人流量大、新潮、外地人格格不入

故事 B3-6 上海生煎包

资料来源：受访者拍摄

"小笼、生煎、馄饨都是上海地方美食的代表。小笼包作为江浙一带的传统小吃，十分普遍，但似乎只有上海小笼包声名远扬。就我个人作为经常乘坐沪宁线的居民来看，从南京到上海之间的每一座城市都有蟹粉小笼，但从个头、包法到口味来区分也有不小差别。从丹阳到上海这一条线的人比较喜欢甜的口味，典型的代表是无锡与苏州，很多外地人都吃不惯那种甜得发齁的味道，但上海的食物却恰恰做到了咸甜兼顾与咸甜适中，的确很是照顾外地游客的味蕾。我在上海定居的法国朋友表示他最爱的美食就是小笼包，一次要点好几笼。生煎包也是一大特色，是上海居民常见的早点，大街小巷随处可见生煎店，其中小杨生煎作为特色快餐品牌远近闻名，其创新的口味受到了年轻人和上班族的喜爱"

构念提取： 传统小吃、名扬远外、快餐、口味创新、年轻人、上班族

故事　B3-7 上海静安寺（闹中取静）

资料来源：受访者拍摄

"静安寺位于上海繁华的南京西路上，而上海中心的城区静安区也是"因静安寺而得名的。这座古寺坐落于周边高楼林立的繁华街区之中，闹中取静、视觉冲突感非常强烈，在网络上可以搜到关于静安寺各角度、各时段的震撼摄影画面，这种传统现代空间的分割、错落，让人产生一种现实与虚幻交织的感觉，'魔都'真的魔幻得名不虚传。这张照片是在静安寺周边商场中的书店拍到的静安寺一角，空间内的人们在书店尽享看书喝下午茶的静谧时光，书店外这座庞大的古寺富丽堂皇的样貌，让人有一种看到了海市蜃楼奇景的错觉"

构念提取： 闹中取静、高楼林立、魔都、现实与虚幻交织、静谧、富丽堂皇、错觉

故事 B3-8 豫园

资料来源：受访者拍摄

"上海的江南古典园林别有一番风味。始建于明代、拥有450余年历史的豫园，整座园林规模宏伟，楼阁参差，山石峥嵘，树木苍翠，堪称步步胜景，以清幽秀丽、玲珑剔透见长，具有小中见大的特点，体现了明清两代江南园林建筑的艺术风格。它与上海老城隍庙毗邻，构成了上海著名的商业中心，也是上海一张难得的传统文化名片。节庆风俗是体现上海海派文化的一个重要组成部分。豫园举办各类花展历史悠久，还有重阳节登高望远活动、元宵节灯会等游艺活动，平时常举办奇石、书画展和茶道活动等。九曲桥曾摇身变为国外奢侈品牌发布会的T台，展现出中式古韵与西式风情的碰撞交融，也非常符合上海这个城市带给人的摩登、复古、现代、文艺等和谐共存的印象"

构念提取： 古典园林、江南、豫园、历史悠久、清幽秀丽、玲珑剔透、小中见大、传统文化名片、海派文化、商业中心、游艺活动、节庆风俗、中西交融、摩登、复古、现代、文艺、和谐共存

故事　B3-9 西岸文化走廊

资料来源：受访者拍摄

"广受年轻市民与艺术爱好者喜爱的上海徐汇区西岸文化走廊，是基于现代市民的生活层次与需求，通过艺术的手法对工业遗址合理改造的成果。黄浦江滨的艺术空间在改建时都保留了原工业遗迹的部分原貌，结合城市历史、环保低碳以及周边城市居民的生活实际，应用现代技术、材料和新理念完成的开放性、多功能性的更新场所，重构与拓展了艺术场所的功能，为周边居民乃至游客提供了亲近城市、健康人居和诗意生活的场所，提高了公众平等意识，为社区注入了新鲜的活力"

构念提取： 西岸文化走廊、工业遗址、年轻市民、艺术空间、环保低碳、开放性、健康人居、亲近城市、黄浦江、现代技术、材料和新理念、公众平等、新鲜活力、多功能性

故事　B3-10 弄堂

资料来源：受访者拍摄

"弄堂里的老房子鳞次栉比，这里是上海居民生活、娱乐、交流的生活空间，仍保留着一些传统的生活方式和方言。它是近代上海地方文化最重要的组成部分，也是上海充满柴米油盐酱醋茶的气息和最具烟火气息的地方"

构念提取： 弄堂、密集、方言、烟火气息、传统的生活方式、地方文化、老房子

故事　B4-1 浦东新区

资料来源：受访者拍摄

　　"浦东新区见证着上海的变化，是上海的金融中心，新上海的代表，也是上海对外展示的窗口。陆家嘴位于上海市浦东新区的黄浦江畔，隔江面对外滩，是众多跨国银行的东亚总部所在地，也是中国最具影响力的金融中心之一，这里的夜景也闪耀着金色"

　　构念提取：现代的、金融、夜上海、黄浦江、浦东新区、对外窗口、金色

故事　B4-2 东方之冠

资料来源：受访者拍摄

054

"'东方之冠'的构思主题,表达中国文化的精神与气质。国家馆居中升起、层叠出挑,形成凝聚中国元素、象征中国精神的雕塑感造型主体——东方之冠。地区馆水平展开,以舒展的平台基座的形态映衬国家馆。成为开放、柔性、亲民、层次丰富的城市广场。二者互为对仗、互相补充,共同组成表达盛世大国主题的统一整体。国家馆、地区馆功能上下分区,造型主次配合,空间以南北向的主轴统领,形成壮观的城市空间序列,形成独一无二的标志性建筑群落"

构念提取:东方之冠、中国元素、世博会中国馆、开放、柔性、亲民、层次丰富的、标志性建筑

故事 B4-3 浦东 Apple Store(苹果零售店)

资料来源:受访者拍摄

"上海浦东 Apple Store(苹果零售店),地址是浦东新区陆家嘴世纪大道8号上海国金中心 IFC 商场 LG2-27 号店铺(就在东方明珠脚下),是继北京三里屯后苹果公司在内地开设的第二家苹果体验店,拉风的下沉式店面设计第一时间抓住人的眼球"

构念提取:国际化的、科技的、前卫的、体验店、浦东新区陆家嘴、吸引力

故事 B4-4 万国建筑群

资料来源：受访者拍摄

"东邻黄浦江，包含哥特式、罗马式、巴洛克式、中西合璧式等52幢风格各异的大楼，被称为'万国建筑博览群'"

构念提取：黄浦江、风格各异、异国情调、哥特式、罗马式、巴洛克式、中西合璧、万国建筑群、博览

故事 B4-5 豫园

资料来源：受访者拍摄

"取名'豫园',是因为'豫'与'愉'两字相通。豫园的主要建筑有乐寿堂、玉华堂等,堂馆轩榭,亭台楼阁,多达30余所,建造都十分讲究。园林布局虚实相映,曲折有法,奇峰异石,参差其间。与仰山堂隔池相望的大假山,用武康黄石叠成,堆砌得犹如天造地设,巧夺天工,出自江南著名叠山家上海人张南阳之手。明中叶后,江南修建园林的风气很盛,豫园是其中的代表作品。明清之际的叶梦珠称其'建第规模甲于海上',范濂赞之为江南土木的一大奇迹,确实名不虚传"

构念提取: 豫园、传统、曲折有法、明中叶、虚实相映、精致、巧夺天工

故事　B4-6 上海汤包

资料来源:受访者拍摄

"皮薄光洁,汤足如泉,浓而不腻,味厚鲜美。弃筷用手,轻轻提起。汤包像只吹弹即破的小口袋,晶莹剔透的皮子兜住一汪鲜汤,稍一动弹,便可看见微微晃动的汤汁。用筷子一戳,汤汁就会瞬间铺满整个碗"

构念提取: 地方特色、美味、汤足如泉、味厚鲜美

故事　B4-7 保利大剧院

资料来源：汇图网，
https://user.huitu.com/buy/down?pid=27626061

"通过材料的区分在色彩上形成了对比。在清水混凝土构成的立方盒子中，原木构件以正圆、三角、曲线等多种几何形态搭配出现，设计体现了很好的创造力。

人工化的风、光、水，被导入建筑中，拥有水景剧场的剧院，自然元素在水景的映衬下被进一步放大与体现，人、建筑、自然，恰好达到了一种融合的状态"

构念提取： 创造力、保利大剧院、自然元素、建筑、光影、几何形态

故事　B4-8 田子坊

资料来源：受访者拍摄

"田子坊位于上海市泰康路210弄。泰康路是打浦桥地区的一条小街,1998年前这里还是一个马路集市,自1998年9月,区政府实施马路集市入室后,把泰康路的路面进行重新铺设,使原来下雨一地泥、天晴一片尘的马路焕然一新。曾经拥挤平常的田子坊弄堂宛如上海市著名的荣乐东路一样,变身为现代创意的聚集地,增添了人文艺术气息,是舒适的休闲场所。一些小店很有小资格调,也有创意和艺术品位"

构念提取: 文艺、休闲、舒适、小资格调、田子坊、创意、艺术品位、弄堂、拥挤

故事　B4-9 海派旗袍

资料来源:受访者拍摄

"海派旗袍传统女性服饰之一,在20世纪上半叶由民国时汉族女性参考满族女性传统旗服,在西洋文化的基础上设计的一种时装,是东西方文化糅合具象的产物。在现在部分西方人的眼中,旗袍具有中国女性服饰文化的象征意义"

构念提取: 海派文化、女性服饰、民国风情、满族旗服、服饰文化、中西合璧、旗袍

故事 B4-10 上海应用技术大学

资料来源：受访者拍摄

"我工作的单位上海应用技术大学是上海市属、全国最早以"应用技术"命名的高水平应用创新型大学，入选上海高水平地方大学重点建设单位、首批上海高等学校一流本科建设引领计划和一流研究生教育引领计划、教育部卓越工程师教育培养计划、教育部首批新工科研究与实践项目和一流本科专业建设点、全国100所应用型示范本科高校建设单位，是研究与实践结合的应用型教育机构"

构念提取：教育机构、地方高校、创新型、研究与实践、应用型

故事 B5-1 上海农村

资料来源：知乎，清颜，
https://www.zhihu.com/question/301964832/answer/528987650

"上海有农村吗?是的,上海有农村,而且还不少。

高铁行驶到邻近上海的地方,可以看到很多绿树掩映下的红顶二层小楼,颇具美感,这是完全不同于北方农村的景象。这些仿佛在告诉来者,此地即便是农村,也富庶并且舒适,村民们生活惬意"

构念提取: 新农村、高铁、洋楼、富庶、舒适、生活惬意

故事　B5-2 法国梧桐

资料来源:受访者拍摄

"上海市区中心地带衡山路、淮海路等马路旁种植的法国梧桐,可以说是上海小资品味的最佳助攻,马路两旁林立着风格各异的建筑和洋房,都被法国梧桐和谐地'统一'在一个画面中,毫无违和感。这里也是街拍、婚纱照的'打卡'之地"

构念提取: 梧桐树、市中心、洋房、马路、街拍打卡胜地

故事　B5-3 茂名南路旗袍街

资料来源：受访者拍摄

"大大小小几十家旗袍店聚集在这里，旗袍价格从几百元到几万元不等。'金枝玉叶'服装店经营高端旗袍，很多客人是政要和明星，这里的旗袍有很多改良款式，价格从1万元到5万元均有。改良旗袍设计既有东方美感又具有现代特色"

构念提取： 旗袍、上海品牌、高端、改良、东方美感、中西合璧、现代

故事 B5-4 地铁 9 号线换乘

资料来源：受访者拍摄

"地铁 9 号线换乘站是城市轨道的重要交通枢纽。徐家汇 1 号线换乘 9 号线、11 号线的路程非常遥远，其中经过一个看不到头的宽阔隧道，每到高峰期这个隧道人满为患，乘客行走的速度非常缓慢，给赶着上班的人增加了一份痛苦。但是这个隧道设计比较有现代感，走到这里有一种豁然开朗的感受，弧形顶棚和墙面压扁的设计拓宽了空间，让人忽略了行走时坡度的变化，设计很贴心"

构念提取： 地铁、交通枢纽、人满为患、压力、换乘时间长、痛苦、现代感、豁然开朗、设计贴心。

故事 B5-5 黄浦江

资料来源：受访者拍摄

063

"上海是一座依河兴市、借河发展的河口海岸城市,可以说没有黄浦江就没有今天的上海,而这条河到今天依旧鲜活,航运、泄洪、观光,为这座城市带来生机,是了解城市的一个窗口。"十四五"规划更是提出河滨文化,打造生态化的世界级城市会客厅"

构念提取: 黄浦江、口岸城市、航运、泄洪、观光、城市活力、河滨文化、生态化、世界级城市会客厅、城市窗口

故事　B5-6 武康大楼

资料来源:受访者拍摄

"这里是网红打卡地,即便没有网红打卡,这也是一幢不一样的建筑,它是世界上仅存的三座船形建筑之一。武康大楼作为优秀历史建筑的真正价值还需要进一步宣传和保护,比网红打卡地更重要的是,它是具有'场所精神'的文化性标志"

构念提取: 武康大楼、网红打卡、船形建筑、历史建筑、建筑保护、场所精神、文化性标志

故事 B5-7 钉子户

资料来源：网易，石柯美食坊，https://www.163.com/dy/article/GUHTJTCN05421QPP.html

"高楼林立的市中心，一栋破败的旧民宅在其中尤为显眼，事实上这种钉子户在上海并不少见，给'魔都'又增添了一分魔幻的气息。贫穷和富有、新和旧、洋和土，一系列有矛盾和冲突的事物交融在一起，同时存在于上海这个魔幻的都市"

构念提取：钉子户、旧民宅、魔都、魔幻、冲突、中西交融、传统现代

故事 B5-8 滨江公园

资料来源：https://earth.google.com/web/search/ 上海/滨江公园/@31.2358233,121.4962343,9.73180557a,887.68685097d,35y,179.47404158h,45t,-0r/data=Cn0aUxJNCiUweDM1Yjl3MGY5ZmQ1NzdlMmY6MHhlNzRkM2JjYlJjMzdlZmFGYIicepePD9AldJpgk3CX15AKhLkulrmtbfmv7HmsZ_lhazlnJlYAyABliYKJAmH94OiEJU_QBE9Nf_3Bx8_QBmcPNyw7HNeQCEmRPOZGS1eQA

"这里是散步、遛狗的好去处,其中攀岩区尤其热闹,针对不同年龄段设置了不同难度的攀岩设施,下面铺着缓冲海绵垫,非常人性化。在这里可以看到形形色色的中外友人,练瑜伽的、跑酷的、打坐的,充分体现了上海兼容并包的多元化精神"

构念提取:滨江公园、遛狗、人性化、中外友人、生活休闲、包容、多元化

故事 B5-9 龙美术馆

资料来源:受访者拍摄

"龙美术馆由同济大学柳亦春教授主持建设,其最大特色是门外100m长的煤漏斗卸载桥,这是工业时代的遗迹,城市更新并不意味着要否定过去。柳亦春教授根据漏斗造型设计出美术馆独立墙体的伞拱悬挑结构,将工业时代历史遗迹巧妙地与后工业时代的城市连接在一起"

构念提取:龙美术馆、工业遗迹、时代的桥梁

故事　B5-10 鹦鹉螺市集

资料来源：受访者拍摄

"鹦鹉螺市集是一年一度的手作原创爱好者的天堂，这里有独立设计师和手工匠人精心打造的复古的、潮玩的、环保的、小众的、不撞款的品质好货，深受艺术手作爱好者的追捧"

构念提取：市集、手作爱好者、复古、潮玩、环保、小众、原创、独立设计师、手工匠人

资料来源：根据受访者提供的资料整理

这一组受访者收集的图片中主要提到了体验过的空间场域，比如多次提到的豫园、静安寺、东方明珠、万国建筑群、黄浦江、地铁、武康大厦、博物馆、弄堂、洋房，这与他们在这个城市居住或游览过程中的体会有关，这些体会主要是奢华、繁忙、拥挤、现代感、文艺、时尚、古典、快节奏、历史悠久、地方特色等；另外，还有受访者通过媒体或者记忆联想到的印象或者对城市的联想，比如旗袍、科技、金色、魔幻、艺术、创造力等间接体会。

3.2.3 构念提取

在本研究中,起始构念是城市的对象物,比如在受访者对主题上海这个城市的印象做表述时,会提到"弄堂""旗袍""生煎包""黄浦江""东方明珠"等,是受访者对上海的具体直观的感知想象。在得到起始构念之后,需要将内容相同、属性一致的构念进行合并,例如把"密集"和"鳞次栉比"合并为"密集",把"摩登"和"时尚"这一类意思相近的词合并为"时尚"等。

为了得到多数受访者对研究主题的共识,遵循收敛原则,提到同一个构念的人数需要占总受访者人数的1/3(Zaltman et al.,1995)。在本研究中,由于每一组受访者都是5~7人,所以超过受访人数1/3是指多于2人,因此,超过1/3的受访者提及的构念,其频率都是指超过2次被提及的构念(频率统计≥2)被列为关键构念。

本研究使用攀梯技术对受访者提供的故事进一步挖掘,对获得的构念间的关系展开探寻式的追问,以获取构念间的关系网络。北京组共获得初步构念385个,其构念出现的频率较高(≥2)的关键构念为30个(表3-2);上海组在访谈过程中,共获得初步构念400个,受访者提及的次数较多、出现频率较高(≥2)的关键构念为36个(表3-3);广州组共获得初步构念238个,出现频率较高(≥2)的关键构念为26个(表3-4);深圳组共获得初步构念338个,出现频率较高(≥2)的关键构念为30个(表3-5)。

关键构念提及频率统计（北京组） 表 3-2

编号	构念	次数	编号	构念	次数	编号	构念	次数
1	历史	5	11	奥运会	2	21	牛栏山酒	2
2	天安门	5	12	"不到长城非好汉"	2	22	北大	2
3	高等学府	5	13	权力	2	23	雄伟	2
4	北京烤鸭	4	14	经典	2	24	清华	2
5	人山人海	4	15	奇迹	2	25	圆明园	2
6	古朴	3	16	震撼	2	26	天坛	2
7	故宫	3	17	庄严	2	27	颐和园	2
8	长城	3	18	文化	2	28	胡同	2
9	工业遗产	2	19	升国旗	2	29	地铁	2
10	艺术区	3	20	美食	2	30	宏大	2

资料来源：根据调查结果整理

关键构念提及频率统计（上海组） 表 3-3

编号	构念	次数	编号	构念	次数	编号	构念	次数
1	繁忙	5	13	黄浦江	3	25	东方明珠	2
2	中西合璧	5	14	奢华	3	26	精致	2
3	现代感	5	15	上海夜景	3	27	陆家嘴	2
4	工业遗址	5	16	金色	3	28	武康大楼	2
5	历史悠久	5	17	快节奏	3	29	弄堂	2
6	旗袍	4	18	魔都	3	30	豫园	2
7	魔幻	4	19	地铁	3	31	生煎包	2
8	展览	3	20	多元化	2	32	洋房	2
9	活力	3	21	静安寺	2	33	博物馆	2
10	传统	3	22	浦东新区	2	34	万国建筑群	2
11	拥挤	3	23	繁华	2	35	创造力	2
12	古典	3	24	交通枢纽	2	36	时尚	2

资料来源：根据调查结果整理

关键构念提及频率统计（广州组） 表 3-4

编号	构念	次数	编号	构念	次数	编号	构念	次数
1	饮茶文化	4	10	粤剧	2	19	经商	2
2	早茶	3	11	美食	2	20	珠江新城	2
3	五羊	3	12	骑楼	2	21	镬耳屋	2
4	城中村	4	13	宜居	2	22	破旧	2
5	花城	3	14	粤语	2	23	拉手楼	2
6	迎春花市	3	15	陈家祠	2	24	多元	2
7	粤菜	3	16	繁华	2	25	红色文化	2
8	广州塔	2	17	闲适	2	26	文化	2
9	拥挤	2	18	包容	2			

资料来源：根据调查结果整理

关键构念提及频率统计（深圳组） 表 3-5

编号	构念	次数	编号	构念	次数	编号	构念	次数
1	标志性建筑	6	11	华侨城	5	21	改革开放	2
2	市民中心	5	12	小渔村	3	22	邓小平	2
3	世界之窗	4	13	地王大厦	3	23	活力	2
4	红树林	4	14	高楼林立	3	24	情调	2
5	机会	4	15	罗湖口岸	3	25	年轻	2
6	繁忙	4	16	创新	3	26	蛇口	2
7	前沿	4	17	大鹏所城	3	27	深圳大学	2
8	生态	4	18	商业发达	3	28	创意	2
9	商务	3	19	设计之都	3	29	宝安机场	2
10	大梅沙	3	20	科技	2	30	川流不息	2

资料来源：根据调查结果整理

3.2.4 构念内在关系分析

根据扎尔特曼隐喻抽取技术，为了最大限度地实现构念意义，需要研究构念之间的关系（Zaltman et al., 2003）。研究者需要根据受访者"说故事"时提及的构念来分析构念之间的关系。构念分为起始构念、连接构念和终结构念三种。通常的关系构成是受访者想到的某个事物为初始构念，受访者对这个事物的直观感受是连接构念，受访者对这个事物的体验是终结构念。

以上海组的第一名受访者为例，她提到上海的静安寺时说："（静安寺）已有 1700 多年历史，虽然整个寺庙的占地面积并不是很大，但是里面的建筑还是比较值得一看的，毕竟是寸土寸金的城市商圈中心，地理位置优越。外观金碧辉煌，很壮观。"静安寺是联想到的事物，属于初始构念，金碧辉煌是受访者的直观感受，属于连接构念，壮观是直观感受后的体会，属于终结构念。再比如，上海组的第二名受访者提到豫园，说："豫园共有西部、东部、中部和内园四个景区。其中内园称为'园中之园'，只有二亩一分八厘六毫大，袖珍却十分精致。游览其中让人有种愉悦轻松的感受。夜晚灯光更增添了现代的魅力。""豫园"是受访者提到的事物，属于初始构念，"袖珍"和"精致"是他对豫园的内园的直接感受，属于连接构念，"轻松愉悦"是自己的体验，并且他由此认为这样的景致引申为有"现代感"的，"轻松愉悦"和"现代感"属于终结构念。

3.2.5 绘制城市品牌形象共识地图

根据上一步骤提取的关键构念，要把表格中的关键构念再次筛选，去掉没有满足 1/4 受访者（少于 2 人）提及的关键构念，留下提及频率超过 2 次的关键构念（频率统计≥2）。经过研究小组讨论，北京组最后选出起始构念 16 个，连接构念 19 个，终结构念 5 个，构成北京旅游形象共识地图（图 3-2）。其余 3 组研究人员遵循同样的原则，上海组选出起始构念 17 个，连接构念 13 个，终结构念 6 个，构成上海旅游形象共识地图（图 3-3）；广州组选出起始构念 13 个，连接构念 6 个，终结构念 7 个，构成广州旅游形象共识图（图 3-4）；深圳组选出起始构念 13 个，连接构念 8 个，终结构念 9 个，构成深圳旅游形象共识地图（图 3-5）。

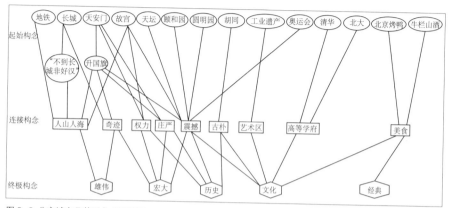

图 3-2 北京城市品牌形象共识地图
资料来源：根据研究结果整理

从绘制的北京城市品牌形象共识地图（图 3-2）可以看出，受访者对北京的文化遗产长城、天坛、故宫、颐和园、圆明园、天安门等印象非常深刻，多次被提及。新的旅游景点里，经过工业遗产改造成的艺术区成为很多文艺青年打卡或者社交的地点。到北京旅游会品尝和带走当地特产，比如闻名遐迩的北京烤鸭和牛年以来宣传广泛的牛栏山酒，因此受访者对此印象深刻。由于北京组受访者 20 多岁的年轻人居多，他们对高等学府有比较多的关注，所以清华和北大被多次提及。

绘制的上海城市品牌形象共识地图（图 3-3）中，受访者对黄浦江外滩附近的东方明珠、夜景印象深刻，认为它们是繁华和具有现代感的；繁华的陆家嘴和浦东新区以及拥挤的地铁站，充满了快节奏的活力，体现了经济快速发展的现代感。外滩的万国建筑群在谍战电视剧中频繁出现，历史与现实在同一时空中叠加和重构会让人有魔幻的感觉。受访者对传统建筑的豫园、静安寺和弄堂等空间也有浓厚的兴趣，认为它们

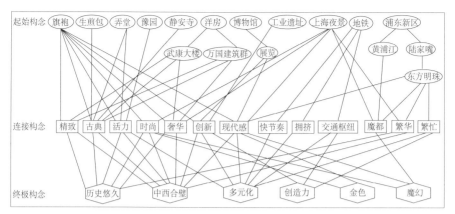

图 3-3 上海城市品牌形象共识地图
资料来源：根据研究结果整理

是古典和历史悠久的，而洋房在古老又现代的城市中存在，是中西合璧的体现；与北京一样，上海也有工业遗址，经过改造成为艺术区，是现代文化和文艺在城市中的展示场域。另外，旗袍作为服饰文化是一种特别的存在，是老上海繁华和精致的象征。

绘制的广州城市品牌形象共识地图（图 3-4）中可以看到，受访者除了对现代的标志性建筑广州塔和区域珠江新城有深刻印象外，对广州的传统文化了解得比较深入，比如粤剧、早茶、骑楼以及红色文化。这一组受访者对广州的城中村和岭南文化元素都有很多观察和体验，受访者普遍认为广州作为千年商都，是一个现代与传统相融的城市，老城市也有新活力。

绘制的深圳城市品牌形象共识地图（图 3-5）中，受访者比较集中于深圳的很多地标建筑或区域，比如市民中心、地王大厦、华侨城、世界之窗和罗湖口岸等。受访者对深圳的总体印象都是现代的、开放的，高楼林立的和节奏快的。另外，与高楼林立形成反差的自然生态环境也被受访者感知到了。受访者对深圳的总体印象是具有创新精神的、前沿的、开放和包容的。

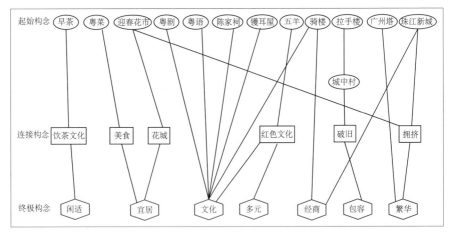

图 3-4 广州城市品牌形象共识地图
资料来源：根据研究结果整理

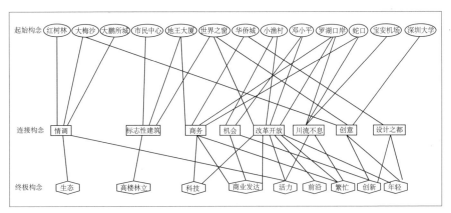

图 3-5 深圳城市品牌形象共识地图
资料来源：根据研究结果整理

3.3 小结

城市营销不是传达城市的全部的形象，而是有选择的，是将一个地区的积极方面着重强调，而将消极方面遮蔽处理（SHORT，1999）。这也合理解释了广州主题的受访者对广州的形象感知是有"城中村"的，广州主题的受访者 C2 提到了城中村，认为它是"压抑"和"阴暗"的，是外面来广州"打拼的人"常去的地方，但是广州的宣传片系列里没有"城中村"元素。然而，深圳的宣传片里出现了"城中村"，深圳主题的受访者也提到了"城中村"。受访者 D5 认为"（城中村）代表着城市繁荣的另一面，是市井文化的集中地"。深圳发布的宣传片里城中村与高楼大厦关联，体现了深圳发展快速的形象，同时也体现了深圳开放和包容的城市品牌形象。

  本章主要对城市品牌形象的心智模型进行调查和研究，通过扎尔特曼隐喻提取技术提取了隐藏在受访者心目中对城市品牌形象的认知和感受。首先将受访者分为北京组、上海组、广州组和深圳组，根据受访者自己的理解找出城市隐喻图像；采用深度访谈法让受访者对找出的图像说故事，并从故事中提取出关键词作为初始构念；从初始构念中提取关键构念，并对构念做关系连接，经过分析确定初始构念、连接构念和终结构念；最后，绘制四个城市品牌形象的共识地图，完成本研究中受访者对城市品牌形象感知的调查工作。

第 4 章

定义问题
—— 城市品牌形象的感知差异

本章基于上一章受访者对城市品牌形象感知，主要研究城市品牌形象的输出和利益相关者接收之间的感知差异问题。

前文对城市品牌形象的利益相关者界定时提到，人们对一个区域的真实经历是这个区域的当地人和游览者参观这个特定区域的先决条件。对于虚拟的区域形象来说，口碑被认为是人们形成区域形象很重要的来源之一。从逻辑上讲，人们有了高水平的介入才更愿意分享购物经历或者故事（DHAR et al., 2000），比如他们看过的电影、看过的书或者旅行的经历，而不是他们使用过的牙膏和他们喜欢的饮料。因此，城市品牌提供的"体验式服务"（旅游、研究、投资、工作、居住机会）会成为极其重要的形象评价来源。区域的复杂性使得利益相关者更多地互动和参与才能形成品牌影响力，因此，网络时代网络媒体对区域营销活动自然会产生很大的影响力（XIANG et al., 2010）。因此，本研究选择的城市品牌形象输出渠道以城市管理者官方发布到网络等媒体中的宣传片作为主要的对比样本。

4.1 城市品牌形象的感知差异

4.1.1 北京的城市品牌形象感知差异

北京城市形象宣传片对北京这个城市的宣传首先体现在前门大街、故宫、颐和园、天坛、九龙壁等文化遗产上，还有银河 SOHO、鸟巢（国家体育场）、水立方（国家游泳中心）、大兴机场、国贸等现代建筑和 798 艺术空间；然后是京剧、中医、雕漆、景泰蓝、书法、中国画等传统文化或工艺；用外国人学习"性相近，习相远"的古语隐喻中外文化不同但许多方面相同，体现了城市包容的态度；迪厅和京剧剧场等现代与传统文化体验场域的冲击，穿插了贸易合作、冬奥会等元素，此外还有北京烤鸭、东来顺火锅等美食；人物方面，婴儿、儿童、年轻人和老年人，体现了文化在代际间的传承和城市在代际间的发展。可以看出北京对城市品牌形象的官方宣传中有城市发展的新风貌，有历史文脉，兼顾到科技、经贸合作等领域的利益相关者①。另一部2021年12月发布的《梦想北京》②是由北京市人民政府新闻办公室出品的城市形象宣传片，以两位外国人为主人公的视角发觉城市充满温度的细节，对城市的体验一方面来自记忆，另一方面来自听觉。比起北京其他的宣传片，这一部增加了很多艺术和科技的元素，体现了人文情怀，也体现了这个城市的开放与包容，具有一定的文化感召力。

从调查结果看，受访者对北京的感知形象与官方传达的形象有很多相同点，比如对传统的文化遗产和现代的标志性建筑的感知，对美食的感知，对艺术空间的感知，都是一致的。但是，受访者的感知形象与北京市官方意欲传达的形象也有不同，比如中医、雕漆、景泰蓝等传统技艺，受访者完全没有提到。

4.1.2 上海的城市品牌形象感知差异

上海的城市形象宣传片主要以大型赛事或者国际博览会元素体现创新和开放的人文环境，建党100周年的宣传片里对红色之城的形象也有描述，除了标志性建筑武康大楼、万国建筑群、东方明珠外，还有生态环境的介绍。在2021年上海市人民政府新闻办公室出品的宣传片

---

① https://www.bilibili.com/video/BV19x411e7PM/?spm_id_from=333.788.recommend_more_video.4。
② 《梦想北京》城市形象片通过剧情式表达与代入式体验，使用一明一暗两条线索的叙事结构、时间与空间交替变换的表现手法、虚拟与现实相结合的拍摄技巧，展示了北京的首都风范、古都风韵与时代风貌。片中的两位主人公，一位是探寻儿时在北京生活旧时光的摄影师，另一位是以记录声音来分享原声艺术的录音师，他们分别用视觉和听觉展现北京城市的变化，他们呈现的故事交错相融，以不期而遇巧妙的视角向全世界展现北京。此外，本片运用视觉科技元素，让人物从实景中跨入元宇宙一般的虚拟空间，仿佛置身于未来之境；本片还将声音元素视觉化，通过提取北京文化科技艺术元素，结合三维手段添加转场效果，运用虚拟现实、增强现实的艺术手法提高影片的写意感，实现"电影化"的全新感官体验。https://baike.baidu.com/item/梦想北京/59764039?fr=aladdin。

《人人出彩》中以不同岗位的人的视角展示上海科技、艺术、体育、运输等,还展现了朱家角、松江新城、南汇新城、奉贤新城、青浦新城等郊区的生态环境,更具有人文亲和力。"从红色之城到创新之城、生态之城、人文之城,开放、创新、包容一直是她最鲜明的城市品格。"①

从调查结果看,受访者对上海的感知形象与官方传达的形象有很多相同点,比如上海标志性建筑及夜景,还有上海的文化和艺术,但是受访者对郊区的生态环境感知很少。访谈中,受访者极少谈及红色文化。

4.1.3 广州的城市品牌形象感知差异

自 2017 年起广州市委宣传部、新华社新闻信息中心广东中心推出"花开广州"三部曲城市对外宣传纪录片②。影片以木棉花为开始,以花为主线着重展示古典美学交织现代潮流,将古琴、箫、琵琶、粤剧、广彩、美食等充满"老广味"的传统人文元素,与时尚文创、年轻潮流进行视觉冲突,通过新中有旧、旧中有新的流动画面将新老广州共生共融体现得淋漓尽致。片中融入非常多的细节和巧思,每一件道具、量身定制的服装、可爱的糕点,甚至一闪而过的杯碟,都是精心设计。配合花开吉祥的立意,除了花城花景,片中还用了很多意象来展现城市的美好,如红蜻蜓、鲤鱼、大雁等。影片中展示科技、运动、艺术、珠江、自然生态等城市特色以及宜人的生态环境,作为南方重要的交通枢纽,展示了货轮和港口,还有城市独特的机构——中国进出口贸易交流会和

---

① https://baijiahao.baidu.com/s?id=1702736863052593839&wfr=spider&for=pc。
② 广州素有"花城"的美誉,从 2017 年的《花开广州·盛放世界》、2019 年的《花开广州·汇聚全球》,到 2021 年的《花开广州·幸福绽放》,三部城市对外宣传纪录片以"传统与时尚、创新与生活、坚守与未来"为内容主线,三个篇章分别通过"古今交融老城焕新""创新引领与城共舞""幸福乐章与城共鸣"的影像叙事,展现了广州作为枢纽之城、实力之城、创新之城、智慧之城、机遇之城、品质之城的崭新形象和独特魅力,展示了中国城市的幸福生活和美好未来,更向世界传递出中国城市的文化自信和发展自信,诠释了广州从走向世界到拥抱世界,再到践行人类命运共同体的城市升华。https://3g.163.com/v/video/VOL908599.html。

广州区块链国际创新中心。粤港澳大湾区中心城市的特点也非常突出，尤其是粤港澳大湾区青少年帆船联赛、粤港澳大湾区青年创新创业基地，诠释了广州从走向世界到拥抱世界，展现了广州沉淀千年的商业文化不断释放的老城市新活力。值得注意的是，知名度很高的钟南山院士出现在影片中，成为非常突出的符号。

从调查结果看，受访者对广州的感知形象与官方传达的形象有很多相同点，比如标志性建筑、美食和粤剧等文化元素，以及千年商都的形象，但是对广州作为粤港澳大湾区的中心城市承担的具体角色并不清晰，受访者完全没有提到粤港澳大湾区青少年帆船联赛、粤港澳大湾区青年创新创业基地，也没有提到宣传片中的无人驾驶汽车等科技创新的感知形象。

4.1.4 深圳的城市品牌形象感知差异

2020年由人民日报发布的《这里是深圳》庆祝深圳经济特区成立40周年宣传片中主要展示了深圳的地标建筑，体现了现代化城市的开放程度。相比之下，由深圳市人民政府外事办公室出品的深圳40周年国际形象片《深圳更深处》（Shenzhen in Depth）[①]更贴近生活。影片中流畅的转场镜头把深圳的科技、深圳大学、宜人的环境、帆船、运动、大鹏所城、城中村和高楼大厦都联系在一起。2021年深圳人才局发布的深圳全球人才招揽宣传片《深圳脚步》，最著名的那句"来了就是深圳人""你我的脚步，深圳的进步"体现了深圳包容开放的城市形象。

从调查结果看，受访者对高楼林立的印象深刻，忙碌的快节奏以及创新的形象有深入的体验，在城市现代化进程中，仍保留了宜人的环境，这些城市形象都被受访者感知到了，与宣传片展示的深圳城市形象比较一致。

---

① https://www.bilibili.com/video/BV13V411t73e/?spm_id_from=333.788.recommend_more_video.4。

4.2 定义问题

通过调查发现，城市官方宣传片的共同之处是主要表现了城市的物质性元素和文化符号，受访者对大部分的物质性元素和文化符号都能够感知到。值得注意的是，相比以往的宣传片，北京的宣传片以男主人公回忆小时候的经历和再次游历北京的体验作为故事线，融入了情感体验，很好地宣传了情感体验。上海的宣传片其中一部《人人出彩》，以各个行业或者不同角色的居民的视角展现上海的市貌，带有很强烈的情感体验，容易让受众产生共情。相比之下，广州、深圳两个城市的宣传片中体现的情感元素比较少，主要展示了地标性建筑和文化符号。但是深圳的一部宣传片《深圳脚步》，提出"来了就是深圳人"的口号，使深圳的抽象的城市品牌形象更加具象化，并且深圳的宣传片并没有避讳城中村的元素，在宣传片中已有表现，体现了城市变迁的风貌。但是受访者感知到的还集中在城市的物质性元素和文化符号，还有对城市带来的拥挤、忙碌的形象，甚至城中村狭窄破旧等负面形象的感知。

本研究的部分结果同凯文·林奇（Kevin Lynch）提出的"城市意象"一样，包含了物质性元素（道路、边界、区域、节点和标志物）。受访者对城市品牌形象的感知中，每个城市的标志性建筑都比较突出，成为感知集中的元素。Lynch（1964）提出，通过这五类"城市意象"元素的综合，辅以视觉形式的传达，可以提供一个城市独特的视觉形象。每个城市的标志性建筑的造型或功能都不同，足以通过外形区别出不同的城市。

但是，Biel（1993）将品牌形象定义为消费者对品牌的联想，包括硬属性和软属性。硬属性是有形的和功能性的属性，软属性是情感方面的属性。李玺等人（2011）认为感知形象是游客对旅游目的地情感与理性认知的表达，其中包含了情感的元素。Baloglu等人（1997）

将旅游者感知形象初步分成认知形象。情感形象和整体形象。认知形象是对旅游地感知属性的观点和看法,情感形象是对旅游地的感情和态度,整体形象体现了二者的综合。

从城市设计来看,凯文·林奇的结构性意象要素都只是物质性的要素,因为每一个城市的肌理都有道路、边界、区域、节点和地标。有学者认为,相比城市中物质性的要素,城市的意识形态、风土人情、历史变迁、城市功能等对意象的形成更能体现城市特色。那么对这些城市特色的感知,便会构成利益相关者对城市品牌形象的软属性。Lee 等(2008)认为,与认知形象相比,情感形象对游客满意度和重游意向有着更重要的影响。因此,本研究认为,城市品牌形象除了城市的标志性建筑等物质性"节点"的硬属性形象外,还包括利益相关者对城市的情感等软属性,这种情感虽然需要利益相关者对城市的意识形态、风土人情、历史变迁等体验才能达成,但是通过城市管理者发布的宣传片也应该有所引导和体现。

综上所述,本研究对城市品牌形象主要研究三个方面的问题:第一,基于城市品牌形象的相关理论,城市管理者是否做到准确宣传城市品牌形象,且官方发布的城市品牌形象是否被利益相关者感知到;第二,城市的利益相关者关注的城市品牌形象有哪些方面,提取城市品牌形象的评价指标;第三,提出城市品牌形象的创新策略。

4.3 小结

以往对研究问题的背景做相应描述便得到研究问题,本书与此不同。本书借助设计思维的系统工具,在研究背景的基础上,基于相关理论,再经过对受访者的访谈及对访谈资料的研究得到的结果进行整理,得到四个主要问题,以设计思维的模式对研究的问题进行定义,为下一章基于设计思维系统工具的"形成概念"做准备。其中,通过对官方媒体发布的城市形象宣传片的调查，完成第一个问题的研究；通过第一轮对 23 名受访者的访谈，利用扎尔特曼隐喻抽取技术，请受访者说故事，研究者提取构念，绘制城市品牌形象的共识地图，完成第二个问题的研究——城市品牌形象的感知差异问题；第三个问题在第五章完成对城市品牌形象的评估；第四个问题在第六章对城市品牌形象提出创新策略中完成。

第 5 章

形成概念——城市品牌形象的评估指标

根据设计思维系统工具的步骤，本章在第四章定义问题的基础上，对城市品牌形象的评估指标进行研究，以完成本研究中设计思维的第三步——形成概念，目的是从顾客价值的角度研究城市的利益相关者评价城市品牌形象的指标，用以对提升城市品牌形象的策略做参考。前文中提到，城市品牌形象隐藏在利益相关者心中，是对城市总体的印象和感知。要对其研究，需要找到适合的方法。本研究使用凯利方格法（RGT）对城市品牌形象的评估指标做前期的定性研究。

5.1 凯利方格法提取构念

美国心理学家乔治·凯利（G. Kelly）于 20 世纪 50 年代基于个人构建理论（Personal Constructs Theory）提出凯利方格法，其主要目的是探索和理解个人心理观点。个人构建理论认为每个人有各自的生活认知环境，因此会产生属于自己的个人认知和理解世界的思维，也就是个人构建系统。个体利用自我概念来评价和解释周围环境，具有归属于自己所构建的认知环境的合理性。除临床心理学以外，凯利方格法也被应用于市场营销领域（STEWART et al., 1981），是消费者研究中常用的确定消费者感知的方法和技术，它使用结构化的方法，形成关于消费者感知、偏好和价值的信息。在本研究中，邀请与之前研究中不同的 9 位受访者参加凯利方格法的实验过程，用于探索和理解受访者对城市品牌形象的隐性知识，有助于研究者对城市品牌形象评估模式的研究。

凯利方格法将访谈技术和因素分析相结合，由元素、构念、制作数据矩阵和评分、分析和讨论组成。研究步骤如下：

（1）元素。元素是基于自我经验而被识别和构建的主体。为了有效了解研究对象对城市品牌形象的看法，本研究选取《中国城市竞争力报告》发布的 2021 年中国内地综合经济竞争力前 4 强城市北京、上海、广州、深圳作为元素进行研究。

（2）构念。构念是受访者区分不同城市的品牌形象的关键词汇。三分法被认为是探索构念的最合适的方法（图5-1）。4个城市的名字作为4个元素被分别写在一张小卡片上，放在一个盒子里，受访者随机抽取3张卡片。首先受访者选出相似的两个城市，说出它们共有的特征。然后，与第三个城市比较，说出第三个与前两个的区别。目的是最终挖掘出受访者对城市品牌形象不同的理解角度。解释完之后，这些卡片被放回盒子里。受访者再进行下一轮的抽取，依次重复同样的过程。在实验过程中，研究者记录每个受访者关于元素理解的关键词。

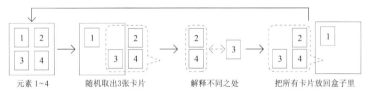

图 5-1 凯利方格法中三分法的步骤
资料来源：本研究整理

（3）建立元素和构念的矩阵，并评分。乔治·凯利利用二分法将构念分成正反两级，然后制作成"方格"问卷，受访者最后需要对每一元素进行打分评判，表明对构念赞同的程度。采用李克特五级量表，按照从5分（正面）到1分（负面）打分（表5-1）。每个问题的题项分别给出了"非常同意""同意""既不同意也不反对""不同意""非常不同意"的选项。

基于凯利方格法的6点（1～5分）李克特量表　　表5-1

编号	构念名称	北京	上海	广州	深圳
1	现代	2	4.67	2.89	4.89
2	活力	1.33	4.56	4.33	4.56

续表

编号	构念名称	北京	上海	广州	深圳
3	文化底蕴	5	3.89	4.11	1.56
4	热情	3.67	2.56	4	3.22
5	便捷	3.56	4.22	3.78	4
6	幸福感	2.22	2.44	3.56	2.67
7	历史悠久	4.78	2.33	3.11	4.33
8	生活成本	4.44	4.44	3.11	1.33
9	城市吸引力	4.44	4.67	4.22	4.89
10	综合性	4.78	4.78	4.11	3.89
11	知名度	5	5	4.11	4.67
12	包容性	4.11	2.89	4.56	4.56
13	政策灵活	3.33	4	4.33	4.67
14	科技水平	4.22	4.67	4.22	4.78
15	生态环境	2.22	4	4.44	4.11
16	医疗保障	4.78	4.78	4	3.89
17	手工制造	3	3	4.56	3
18	历史古迹	4.22	2.33	2.78	1.22
19	美食	4.22	3.89	4.44	2.11
20	经济繁荣	4.67	4.89	4.44	4.78
21	生活节奏	4.44	4.89	3.33	4.78
22	人口密度	4.78	4.67	4.11	4.67
23	文化吸引力	4.78	3.89	4.11	2.89
24	文化差异	3.33	3.89	3.44	2.78
25	基础设施	4.56	4.67	4.11	4

续表

编号	构念名称	北京	上海	广州	深圳
26	精神文明	4.78	4.33	3.89	3.44
27	生活水平	4.78	4.56	4.11	4.56
28	语言易懂	4.33	2.56	2.33	3.44
29	教育资源	4.89	4.78	3.67	2.89
30	工业发展水平	4.11	3.78	4.67	3.67
31	GDP 水平	4.56	4.89	3.89	4.67
32	民生保障	4.56	4.67	4.11	3.44
33	跨境商务	4.33	4.56	4.78	4.78
34	外来人口数量	4.78	4.78	4.67	4.89
35	房价	4.89	4.67	3.78	4.67
36	老龄化程度	3	2.67	2.67	4.22
37	外贸历史	3.56	3.22	4.33	2.11

资料来源：根据研究结果整理

本章一共进行了 5 轮访谈。通过第一轮访谈，共抽取构念 88 个，再通过随后的 4 轮访谈，经过同类构念合并，最终整理出 37 个构念，这些构念是构成城市品牌形象评估指标的构成要素。

5.2 城市品牌形象评估指标的聚类分析

为了研究城市品牌形象的评估指标，需要对受访者提取的 37 个构念进行分类。聚类分析（周俊，2017）是一种探索性分析，它根据组中相似度最高的属性将数据划分为差异性最大的组别。计算观察值之间的距离或组内误差，以显示元素和结构的分组和排列。

数学公式如下：

$$D_{ij} = \Sigma_{l=1}^{P}(x_{il} - x_{jl})^2$$

本研究形成聚类分析的主要标准是，对凯利方格法的定性分析得到的 37 个元素进行分类，观察每一个分类的特征。采用 SPSS 默认的平方 Euclidean 距离进行聚类分析，结果显示距离在 20 的水平上，指标集可以分为三类（图 5-2）。

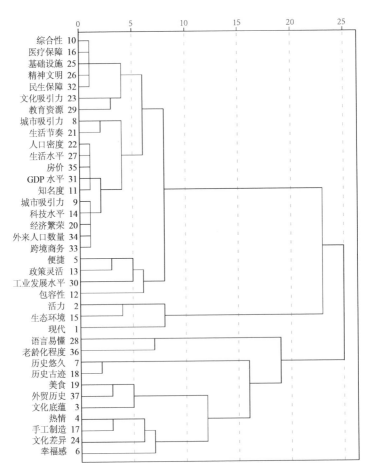

图 5-2 聚类分析结果
资料来源：根据研究结果整理

1. 第一类

第一类共 23 项，分别为第 5 项（便捷性）、第 8 项（生活成本）、第 9 项（外资吸引力）、第 10 项（综合性）、第 11 项（知名度）、第 12 项（包容）、第 13 项（政策灵活程度）、第 14 项（科技水平）、第 16 项（医疗保障）、第 20 项（经济发达程度）、第 21 项（生活节奏）、第 22 项（人口密度）、第 23 项（文化吸引力）、第 25 项（基础设施）、第 26 项（城市精神文明）、第 27 项（生活水平）、第 29 项（教育水平）、第 30 项（工业发达水平）、第 31 项（GDP 水平）、第 32 项（民生发展水平）、第 33 项（跨境商务程度）、第 34 项（外来人口数量）和第 35 项（房价）。其中，第 12 项（包容程度）上海最低，只有 2.89 分；第 13 项（政策灵活程度）深圳分数最高 4.67 分；第 29 项（教育发达程度）深圳 2.89 分明显低于其他几个城市。这一结果表明，聚类分析第一类主要反映的是城市解决个体在城市中生存或者生活需求方面的问题，反映了人们注重城市的功能性需求指标，可以归纳为城市的功能性形象。

Park 等（1986）对品牌形象的研究中，以消费者的利益为基础对品牌形象进行研究，首先强调的是功能性形象，即强调满足消费者使用上的需求，强调帮助消费者解决现有问题或潜在问题的能力。本研究与这个观点一致，城市的功能性形象与产品的基本属性相近，是城市的利益相关者权衡这个城市是否符合自己需求的最直接因素。

2. 第二类

第二类共 3 项，分别为第 1 项（现代化程度）、第 2 项（活力程度）和第 15 项（生态环境）。其中，第 2 项（活力程度），北京最低，只有 1.33 分，远低于其他几个城市；第 15 项（生态环境），北京也是最低的，只有 2.22 分。这一结果表明，聚类分析第二类主要反映的是宜居性指标，可以归纳为城市的宜居性形象。

中国的很多城市出台引进人才的政策，良好的生态环境能够吸引移居者来到城市定居，满足人们追求良好的社交环境和居住环境的需求。扬·盖尔（2010）认为建设人性化城市目标就是建设充满活力的、安全的，可持续发展且健康的城市。优良的生态环境是吸引人们到城市居住和旅行的诱因。本研究与这个观点一致，城市宜居形象反映了人们对追求美好城市品质的需求。

3. 第三类

第三类共 9 项，分别为第 3 项（文化底蕴）、第 4 项（热情程度）、第 6 项（幸福感）、第 7 项（历史悠久）、第 17 项（手工制造发达程度）、第 18 项（历史古城）、第 19 项（美食）、第 24 项（文化差异）、第 28 项（语言理解程度）、第 36 项（老龄化）和第 37 项（千年商都）。其中，第 3 项（文化底蕴），深圳分数最低，只有 1.56 分，北京最高，为 5 分；第 18 项（历史古城），深圳分数最低 1.22 分，北京最高 4.22 分；第 28 项（语言理解程度），上海 2.56 分和广州 2.33 分都比较低，北京最高 4.33 分；第 37 项（千年商都），广州分数最高 4.33 分，深圳分数最低 2.11 分。这一结果表明，聚类分析第三类主要反映的是城市文化要素，可以归纳为城市的文化性形象。

城市的文化价值是城市发展有竞争力的要素，城市的文化形象注重对城市内涵的挖掘和提炼，以及对历史的理解和尊重（孙湘明，2012）。这一点在本研究的指标中有所体现。对于城市来说，地域性文化能够突出城市的资源优势，是城市的历史和现代文明的集合，是城市主流意识的凝练和表现。

5.3 城市品牌形象评估指标的构建

由于第一类功能形象和第三类文化形象提取到的构念比较多，为了进一步研究构成功能形象和文化形象的主要指标,本研究对第一类功能形象的 23 项构念和第三类文化形象的 9 项构念做主成分分析。主成分分析是一种降维技术(周俊,2017)。在行为和社会科学领域,大多数研究试图通过线性组合从原始变量(x_1,x_2,…,x_p)中提取新的变量(主成分,y_1,y_2,…,y_p)进行数据简化。这可以解释原始变量的最大方差。数学公式如下:

$$y_i = a_{i1}x_1 + a_{i2}x_2 + a_{i3}x_3 + \cdots + a_{ip}x_p \quad i = 1, 2, \cdots, p$$

其中,a_{ij} 是第 i 个主成分 y_i 和原第 j 个变量 x_j 之间的线性相关系数。因此,主成分分析产生的主要成分是聚类分析中元素较多的第一功能性和第三类文化性。

1. 第一类功能性的主成分分析结果

第一主成分为 13 项,解释率约为 52.6%,表明这 13 项指标能够解释城市功能形象的大部分信息。第一主成分的指标包括第 8 项(生活成本)、第 10 项(综合性)、第 11 项(知名度)、第 12 项(包容)、第 16 项(医疗保障)、第 20 项(经济发达程度)、第 21 项(生活节奏)、第 22 项(人口密度)、第 25 项(基础设施)、第 27 项(生活水平)、第 31 项(GDP 水平)、第 33 项(跨境商务程度)和第 35 项(房价)。

第一类功能性的主成分分析结果及解释量见表 5-2 和表 5-3。

第一类功能性的主成分分析结果　　　　表 5-2

构念编号	构念名称	成分 1	成分 2	成分 3
10	综合性	0.776	-0.600	0.193
16	医疗保障	0.838	-0.522	0.159
25	基础设施	0.812	-0.501	0.301
26	精神文明	0.628	-0.775	-0.06
32	民生保障	0.546	-0.758	0.358

续表

构念编号	构念名称	成分1	成分2	成分3
23	文化吸引力	0.224	-0.966	-0.12
29	教育资源	0.677	-0.710	0.192
8	生活成本	0.922	0.337	-0.18
21	生活节奏	0.837	0.547	0.007
22	人口密度	0.906	0.271	-0.32
27	生活水平	0.891	0.100	-0.44
35	房价	0.906	0.240	-0.34
31	GDP水平	0.886	0.450	0.109
11	知名度	0.994	0.063	-0.08
9	城市吸引力	0.456	0.889	-0.04
14	科技水平	0.296	0.911	0.289
20	经济繁荣	0.807	0.533	0.255
34	外来人口数量	0.462	0.814	-0.35
33	跨境商务	-0.777	0.563	0.281
5	便捷性	0.198	0.608	0.768
13	政策灵活	-0.611	0.750	0.253
30	工业发展程度	-0.690	-0.724	0.003
12	包容性	-0.720	0.112	-0.68

资料来源：根据研究结果整理

第一类功能形象主成分分析的解释量　　表5-3

成分	总初始特征值	解释的方差	累积方差百分比
1	12.095	52.587	52.587
2	8.612	37.442	90.029
3	2.293	9.971	100

资料来源：根据研究结果整理

研究表明，受访者更看重医疗保障、生活成本、生活节奏及房价等与生活水平和生活质量密切相关的生活功能方面的指标，也说明受访者在大城市居住首先考虑的是生存的难易程度。而教育水平、科技水平以及政策灵活程度等因素往往属于大城市的天然优势，因为大城市集中着优质的教育资源，发达的科技产业，并且有国家指导相对正确又灵活的政策，这些都有可见的新闻媒体报道的数据。而生活质量方面的指标取决于居民或者旅行者的生存能力，属于受访者更看重的方面。

这说明，良好的城市功能形象有利于吸引高素质人才到城市工作和定居，促使消费者选择这个城市的产品或服务，是城市具有经济竞争力的表现。

2. 第三类文化性的主成分分析结果

第一主成分为 7 项，解释率约为 53.9%，表明这 7 项指标能够解释城市文化性形象的大部分信息。第一主成分包括第 3 项（文化底蕴）、第 7 项（历史悠久）、第 18 项（历史古城）、第 19 项（美食）、第 24 项（文化差异）、第 36 项（老龄化）和第 37 项（千年商都）。

第三类文化性的主成分分析结果及解释量见表 5-4 和表 5-5。

第三类文化性的主成分分析结果　　　　　　表 5-4

构念编号	构念名称	元素一	元素二	元素三
3	文化底蕴	0.935	0.347	-0.070
7	历史悠久	0.788	0.535	0.305
18	历史古迹	0.808	0.549	0.216
19	美食	0.994	0.020	-0.112
24	文化差异	0.658	0.005	-0.753
36	老龄化程度	-0.911	0.072	0.406

续表

构念编号	构念名称	元素一	元素二	元素三
37	外贸历史	0.965	-0.253	0.073
4	热情	0.458	-0.217	0.862
6	幸福感	0.263	-0.925	0.275
17	手工制造	0.542	-0.782	0.307
28	语言易懂	-0.159	0.858	0.488

资料来源：根据研究结果整理

第三类文化性主成分分析的解释量　　表 5-5

成分	总初始特征值	解释的方差	累积方差百分比
1	5.926	53.876	53.876
2	3.028	27.523	81.400
3	2.046	18.600	100

资料来源：根据研究结果整理

这说明城市的文化形象往往通过古城建筑、文化传承、美食与文化差异等显性的元素体现出来。这些元素属于能让受访者明确感受到的品牌形象，而幸福感和热情的程度很难通过表象特征体现出来，所以受访者对后者的感知难以形成强烈的印象。

城市品牌形象的塑造在于重塑城市人的社会价值观，使受众群体对城市品牌产生情感上的共鸣，增强人对城市的归属感（张鸿雁，2002）。比起物质形象，文化形象的传播更加具有持久性。从城市内部强化地方特征，并确保在外部市场上的可见性，才能在与其他城市的竞争中获得优势（ČERNIKOVAITĖ et al., 2020）。因此，强化城市品牌的文化形象有利于在城市内部创造凝聚力，在城市外部创造良性注意力，将城市塑造成一种有竞争力的商品。

5.4 小结

本章利用凯利方格法对城市品牌形象进行研究，建立了能反映城市品牌形象的指标体系。本研究以北京、上海、广州、深圳四个一线城市为例，建立了初始的 37 个指标。利用聚类分析，对 37 个指标进行分析，得到三类城市品牌形象。由于第一类有 23 项，第二类有 3 项，第三类有 9 项，本研究又分别对指标数量比较多的第一类和第三类进一步做了主成分分析。最终得出城市品牌形象 3 个评估指标：功能性、宜居性和文化性。功能性反映的是城市解决个体在城市中生存或者生活需求方面的问题；宜居性反映了人们对追求美好城市品质的需求；文化性是对古城建筑、文化传承、美食与文化差异等显性的元素的梳理。这些元素经过提炼，加强它们在城市中的可见性和可达性，有利于传播良好的城市品牌形象。

第6章

原型搭建
—— 城市品牌形象的创新策略

本章根据设计思维系统工具的步骤，梳理理论、定义问题、形成概念，在建立城市品牌形象评价指标的基础上，进行原型搭建——确定城市品牌形象的创新策略。

大部分城市主要依靠城市本身土地使用带来的经济效益，以及当地的文化等资源禀赋的优势去发展壮大，这些发展城市特色的资源往往是固定的不易改变的，而品牌化是一个有意识的、明确的城市发展目标（EVANS，2006），它是可变的。城市品牌化更应该成为城市发展的理念和方法。因此，城市品牌形象也是可以变化和不断创新的。

6.1 管理城市品牌形象的构成要素

6.1.1 城市品牌形象的评估指标

本研究基于第 5 章使用凯利方格法对城市品牌形象的指标进行评估，提出功能性、宜居性、文化性三类评价指标。顾客价值理论的研究者（FLINT et al., 1997）根据目标途径链理论研究消费行为一般经历三个主要阶段：顾客首先关注的是消费属性；然后开始体验消费结果；最后在此过程中满足顾客内心的消费目标。将这一理念用于对城市品牌形象的塑造中可以发现，城市的受众在最开始与城市的互动中，首先注重城市的基本功能属性，如前面的聚类分析中得到的城市功能性形象的一系列指标；在与城市多次的互动中，就会注重城市的宜居环境等指标即城市宜居性形象；当与城市产生深度联结之后，城市的文化形象会深入受众的情感中，受众会更注重城市的文化性形象是否能与自己产生精神或者情感上的共鸣。

6.1.2 城市品牌形象识别符号的来源

企业（或组织）为了建立品牌形象识别，需要明确品牌的价值主张、企业愿景及品牌的识别符号等。因此建立品牌形象识别的主角是企业（或组织），它负责对品牌形象进行传播和推广，代表品牌方希望达到的宣传目的；而形成品牌形象的主角是消费者，他们负责接收品牌的信息，这也反映了企业在市场中的表现（范秀成 等，2002）。但是一座城市的品牌建设不能完全等同于商业品牌，城市品牌形象的构建也不完全等同于商业品牌形象，城市品牌形象来自城市形成过程中自发形成的独特的历史和人文景观，具备先天的资源禀赋和城市风貌，这需要很长时间的发展和积累。

品牌形象的识别往往以视觉符号的输出为主要表现形式。很多研究从企业的视角通过建立品牌识别（Brand Identity）（KAPFERER，1994）来构建品牌形象。有学者将企业品牌形象的识别理论引入城市品牌形象理论中，称为 CIS（City Identity System），比如孙湘明（2012）对城市品牌形象识别做了系统研究，将其分为精神识别、行为识别、视觉识别、空间环境识别。但是，如 Therkelsen 等人（2010）所说，一个城市品牌的记忆和联想需要它的气味、声音、味道和触摸来延伸。随着科学技术（如增强和虚拟现实技术）的发展和进步，可能会为城市品牌形象的识别和宣传打开新的数字通信途径，还可以通过嗅觉、味觉、听觉、触觉的刺激产生品牌的联想和记忆（卡瓦拉兹斯 等，2019）。因此，城市品牌形象的识别符号除了传统的以视觉识别为主的研究，还应该拓展到其他四个感官的感知研究中。

1. 视觉

Kotler 等人（1999）认为使用视觉符号在地方的营销中十分突出，就是创造视觉上吸引人的信息和联结（GOLD，1994；WARD，

2005）。Hospers（2009）将 Lynch（1964）从城市规划视角对构成城市的五个物质元素（道路、边缘、区域、节点、地标）和 Urry（1990）关于游客凝视的社会学观点整合，认为将城市塑造为一个图形或图像，不足以作为一个城市形象的载体，还要将这些图形或图像传播出去。因为在标志性场域或空间的拍照留念，会随着媒体的转载和传播产生影响力，这种影响力可能是正面的也可能是负面的，它取决于传播者的评价和受众的感知。所以，Hospers（2009）认为在城市景观中，识别对象和地点很重要，因为它们可以供人拍照。如果一个城市没有使人们想象到景观特色，那么城市的营销活动会变得很难。在目的地品牌的背景下，Allen（2007）认为，旅行者对某个目的地的选择在很大程度上取决于其在访问之后以及之前持有的印象。随着虚拟现实技术越来越发达，在物理空间之外，创造一个引人入胜的丰富的品牌体验变得越来越重要。因此，以视觉带动利益相关者对城市环境的美好感知和体验很重要。

2. 嗅觉

利益相关者对城市品牌形象的感知不只有视觉方面，Gloor（1978）研究认为嗅觉受体直接连接到大脑的边缘系统。Porteous（1990）通过分辨游记和传记中生动叙述地方的味道论证了气味通常被到访者用来辨别一个地方。当谈及嗅觉和城市时，往往有一些"反例"，比如伦敦 1858 年发生的"伦敦大恶臭"，在当年炎热的夏天，有恶臭的废物流入泰晤士河，使泰晤士河臭气熏天。为了治理这个情况，几个月后议会通过了一项法案建造一个下水道系统（HALLIDAY et al.，2001）。

但是，如果是令人愉悦的气味，它如何能够与地方品牌融为一体呢？比如，法国南部的格拉斯聚集了众多香水制造商，这里的空气是香的。格拉斯和香水变成了同义词。香水的气味在格拉斯的旅游营销中成为公认的品牌资产，每年吸引 100 万人有组织地去旅游。虽然气味是短暂的，并且不具备连续性，人可能以 20% 的精确度区分气味，一年以后还能够以大致相同的精确度记住它，它最大的优点是记忆性，能在区域消费者的意识中定位一个城市或者场所。相比之下，视觉识别可以 100% 显示精确度，但随着时间推移，这个精确度会迅速下滑（PORTEOUS，1990；ENGEN et al.，1973）。而成功的品牌形象都离不开记忆作为基础，气味也可以考虑成为构建城市品牌形象的因素。

3. 听觉

听觉也一样可以与城市（或区域）品牌产生联系。有学者探讨了声音（主要是音乐）在塑造旅游目的地中的作用（SELLARS，1998；SALDANHA，2002；GIBSON et al.，2007）。Porteous（1990）从声音中分辨出人（声乐）、自然、运动等声音，其中自然和人的声音（尤其是音乐）被认为最有用。Varley 和 Medway（2011）认为可以通过动物和瀑布的声音来强调良好的生态，给游客产生身临其境的体验感，比如美国的北瀑布公园通过宣传片中的瀑布和鸟鸣的声音宣传自己，产生情感、态度和记忆，带给游客独特的体验[①]。虽然观赏是主要的，但是增加了声音的维度，这也是其他感官不能代替的。

用音乐建立城市品牌形象的城市并不少见，比如维也纳，在 19 世纪成为贯穿老约翰·施特劳斯和小约翰·施特劳斯紧密连接的载体，被誉为"音乐之都"，因为这个城市"有比任何其他城市都多的著名作曲家在这里生活"[②]。甚至到今天维也纳也是很多新年音乐会的代名词。另一个城市美国的新奥尔良与爵士音乐融为一体，从 1970 年以来，每年举办的新奥尔良爵士和传统盛典[③]，成为其推广城市品牌形象的主要元素。

北京发布的《梦想北京》的宣传片中就有主人公收集声音的镜头，

---

① http://www.nps.gov。
② http://www.wien.info。
③ http://www.nojazzfest.com。

开篇显示故宫镜头的京剧锣鼓声、北京胡同上方特有的鸽子哨①声、胡同里传出来唱京剧的声音夹杂着胡同里的笼子里的鸟叫声、前门大街铛铛车②的铃声，都是独属于北京的声音，可以用来辨别区分城市，同样也是城市品牌形象的标志性符号。

4. 味觉

把味觉和城市联系起来，最常见的是美食。比如前文中提到的属于宫廷名菜的北京烤鸭③、属于本帮菜的上海汤包④、体现广州一带生活方式的广州早茶⑤中的叉烧包等地方特色美食，就是容易产生联想的味觉元素符号。食品是一种普遍的需求，可以将所有的感官集中起来，并且它被证明对旅游业来说是一种强有力的媒介（卡瓦拉兹斯 等，2019）。在观光旅游中，美食旅游可以让游客通过视觉、味觉、嗅觉、触觉综合感受更直观地了解城市文化（BENZMILLER，2008）。值得注意的是，味觉在目前的城市品牌宣传片里不能像视觉和听觉一样被直接体验到，只能依靠间接描述，往往依赖视觉传达作为一种补偿。但

---

① 蔚蓝色的天空中，一群白鸽掠空而过，鸽哨发出的"铃铃铃"的声音，影视剧中表现京城的情景时，也往往以此为镜头。由中央电视台出品的 2009 年 11 月 6 日首播的电视剧《鸽子哨》讲述了老北京四合院普通人家的悲欢离合。可见鸽子哨是北京城市文化的独特代表。https://baike.baidu.com/item/ 鸽子哨 /13237764。
② 铛铛车是老北京（北平）对有轨电车的称呼。因为它的车头挂了一只铜铃铛，司机只要一踩脚下的踏板，铃铛便会发出"铛铛"的声响，提醒行人闪避车辆，是北京第一代现代化交通工具。1966 年，前门有轨电车停运。2009 年 1 月 1 日，改造后的新前门大街重新铺设了有轨电车的铁轨，使消失了 50 年之久的"铛铛车"重新开通。2014 年 9 月 28 日，北京首条仿古"铛铛车"旅游观光线开通运营。https://baike.baidu.com/item/ 铛铛车 /1944769?fr=aladdin。
③ 烤鸭是具有世界声誉的北京著名菜品，起源于中国南北朝时期，《食珍录》中已记有炙鸭，在当时是宫廷名菜。用料为优质肉食鸭，果木炭火烤制，色泽红润，肉质肥而不腻，外脆里嫩，被誉为"天下美味"。北京烤鸭分为两大流派——挂炉烤鸭和焖炉烤鸭。https://baike.baidu.com/item/ 北京烤鸭 /664769?fr=aladdin。
④ 上海汤包是上海市的一道特色小吃，属于本帮菜。该菜品以汤多为主要特点，以"小巧、皮薄、馅大、肉鲜、味美、汤汁充盈、清香利口"而著称，与小笼包系出同门。https://baike.baidu.com/item/ 上海汤包。
⑤ 广州人饮早茶，有的是当作早餐，一般都是全家老小围坐一桌，共享天伦之乐。有的喝完早茶即去上班，有的则以此消闲。消闲族大多为街坊退休老人，他们一般来得最早，离去最迟，从早上茶馆开门可以一直坐到早茶"收档"。这类茶客不去豪华酒家、高档茶楼或宾馆，而到就近街边经济实惠的小茶馆。如去高档茶楼，人均消费可以和酒宴差不多。"请早茶"也是广州人一种通常的社交方式。https://baike.baidu.com/item/ 广州早茶。

是城市品牌形象的宣传可以通过一些节庆活动增加对城市品牌中美食元素的体验和宣传，将味觉与城市品牌形象联系起来。

5. 触觉

如前文所说，触觉像味觉一样在城市品牌形象的识别中难以形成直接的体验，因此，关于触觉用于城市品牌形象的研究很少，但是卡瓦拉兹斯等人（2019）提出天气和温度或者冷和热同样可以看作与触觉有关的感受，就像度假胜地拉普兰德或者澳大利亚的阳光海岸都能明显让人产生冷或热的联想。英国约克郡雕塑公园在500英亩的场地中，"有很多隐藏的宝藏待人寻找，与传统的画廊不同，可以让游客触摸到雕塑"[①]。由此可见，触摸和用身体感受城市也许可以成为未来城市品牌化的一个延伸。目前城市品牌形象输出渠道主要是纸质媒体、数字媒体和生活事件，其中生活事件是最容易通过非视觉感官产生宣传效果的渠道（卡瓦拉兹斯 等，2019），也是更容易产生触觉的渠道。因此，改进当前的实践技术，创造更容易理解的触觉的感官体验仍然值得被研究。

6.2 城市品牌形象管理模型及创新策略

Kavaratzis（2004）提出的城市形象传播模型包含了品牌评估、利益相关者参与、领导力、基础设施、品牌传播和口碑。Hankinson（2007）的区域品牌管理模型包括利益相关者参与、领导力、品牌标识和品牌传播。卡瓦拉兹斯等人（2019）在此基础上提出区域品牌战略管理模型，以品牌基础设施、关系和领导力为起点，它概括了与区域相关的关键资产，品牌基础设施是指城市（或区域）公共空间或建筑环境等功能性的基础

---

① https://www.ysp.co.uk。

设施，以及休闲、旅游和服务设施等体验属性，这些关键资产影响了城市（或区域）标识、品牌形象和体验（卡瓦拉兹斯 等，2019）。

基于前面学者研究的区域品牌战略管理模型，本书提出城市品牌形象管理模型。根据区域品牌战略管理模型，前期需要有利益相关者的参与管理，找到（或更新）能满足利益相关者的城市基础设施。因为许多"地方产品"是由负责推销它们的管辖区域的政府或管理机构定义的，这种定义往往并不符合利益相关者的"产品体验"（ASHWORTH et al.，2013）。利益相关者要找到管理的交集，需要寻找城市认同（或区域认同），才能产生共同的体验。

卡瓦拉兹斯等（2019）认为城市的基础设施是由利益相关者所有，是实现城市（或区域）品牌承诺的关键，因此有必要将城市（或区域）品牌基础设施建设与品牌标识和品牌传播相结合。本研究认为城市品牌标识是城市品牌形象外在的表现形式，而城市品牌形象的内容需要根据城市主要利益相关者的需求确定。本书第5章提出基于城市主要利益相关者对城市品牌形象的评价指标（功能性、宜居性、文化性）。这些指标是提出城市品牌形象符号的依据，尽可能避免地方品牌化组织只关注符号、标志和宣传的粗放管理方式，这会导致只采用最低标准的解决方案，限制了品牌的传播作用（LEITCH et al.，2003）。因此，城市品牌应该从供应需求和真实感受的角度来调整其被消费者感知到的形象（GALLARZA et al.，2006）。

服务导向逻辑成为营销研究的新视角，顾客被视为服务的共同创造者（卡瓦拉兹斯 等，2019）。如本书第三章，从利益相关者的视角调查他们对城市品牌形象的感知。城市品牌形象要传播出去并且被感知，就需要提出品牌识别符号，品牌创造一个独特的心理联想，这种联想使消费者通过一个名字、象征或者其他识别的特点就能联想到这个品牌，这样会促使消费者心目中对其形成积极的形象，最后形成消费者忠诚度（AAKER et al.，2012）。

品牌竞争实质上是在某一个品类范围内展开。品牌的优势和劣势是一个基于比较、竞争而存在的概念，没有比较，竞争就无所谓优劣，而品类在经济学上的意义为"消费者选择商品和服务的某个单一利益点"（孙日瑶，2006）。品牌竞争实质上是多个品牌主体共同争夺"单一利益点"（岳建秋 等，2007）。因此，以往对品牌识别的研究视角主要是视觉过于单一，本研究认为其他的感觉，如嗅觉、听觉、味觉和触觉也可以成为城市品牌形象识别的来源。对于利益相关者来说，对城市的好感及对城市品牌形象的良好又独特的感知需要去体验，如果没有体验，就大大减少了对该城市美誉评价和偏好。对很多人来说，大部分城市的品牌形象都是虚拟的，因此口碑成为人们获取城市品牌形象的重要信息来源之一，很多口碑来自体验。

至此，城市品牌形象管理模型基本搭建完成，但是本研究要着重强调一点，如同第2章文献综述中提到的，本研究认为，城市形象与城市品牌形象最大的区别是后者具有品牌管理的意识，也就是说城市品牌形象是城市形象经过选择和设计的，而不是像城市形象一样自发形成的，虽然二者之间有非常大的重合。这个过程需要先找到城市（或区域）认同，通过对城市（或区域）认同的选择和设计，才能根据城市品牌形象的评估指标找出城市品牌的识别符号。

尽管城市之间具有竞争关系，但是从旅游业的角度看，城市之间的相关利益是通过合作而不是通过竞争得到，管理与某地区相关的品牌及其资产（如形象等）的战略方法必须适应地方品牌结构的复杂性，特别是需要向利益相关者提供集体认同感或传达一种能引起共鸣的地区体验，同时制定一个既重要又具有挑战性的战略方法（HANKINSON，2009）。

Ashworth（2000）认为要形成区域认同[①]，构建利益相关者共同

---

① 这里引用原文中的"区域认同"，本研究认为城市之间是互相连接和共生的关系，从风俗文化方面来讲，行政单位的划分不能否定邻近城市属于一个相似区域的特点，因此，本研究认为这里的区域认同适用于城市认同。

的认识就需要提取并理解他们的思想接触点。这些思想接触点包括个人经验、媒体的传播及对城市规划政策干预的思考。区域认同要求识别区域利益相关者，寻求一个既与他们感知一致又能符合他们认同的区域。在自发形成的地方，在认同的基础上选择和设计，构建城市品牌形象。以文化为导向的再生是一个受欢迎的策略，并且创新性的观念与品牌重塑密切相关。但是文化被认为是从其生产条件中分离的（MILES，2007），它更像是城市的符号，不是构成社会生活的结构性要素。因此，不能忽略城市基础设施的功能性和宜居性。而前文提到的来自大自然声音符号的识别也有可能成为反映城市适合宜居的策略。既然区域购买的前提是潜在的购买者[①]对区域（品牌）的认识和对其积极的态度，这种积极的态度需要存在于区域认同中，就不应该投入一个虚构的口号、标语和简单又引人注意的韵律（卡瓦拉兹斯 等，2019）。这种区域认同成为人们与所生活的城市之间的纽带。

综上所述，本研究得出城市品牌形象管理的模型，如图6-1所示。

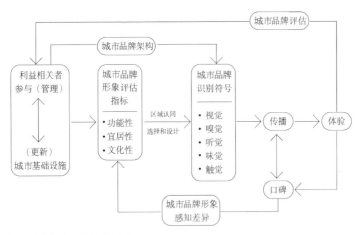

图6-1 城市品牌形象管理的模型

---

① 这里的区域购买者源自卡瓦拉兹斯等人（2019）的论著原文中的说法，本研究将其理解为城市居民或准备到城市居住的人，即城市中的主要利益相关者。

基于以上城市品牌形象的管理机制，提出城市品牌形象的创新策略即对以上模型的解释。在这个模型中，本研究的重点是品牌形象的评估指标、品牌形象感知差异和品牌识别符号等构成要素。它们并不是孤立存在的，前期需要有利益相关者的参与管理，找到（或更新）能满足利益相关者的城市基础设施，才是实现品牌承诺的关键。基于利益相关者对城市品牌形象的评估指标，结合对区域认同中选择和设计出来的城市品牌的关键价值和属性，设计和管理城市品牌的投资组合的品牌架构，设计和提取城市品牌的识别符号，将来自视觉、嗅觉、听觉、味觉和触觉的品牌识别符号传播出去。通过城市品牌的传播和推广，产生一定的品牌联想，促使城市的"消费者"参与体验，体验过程中和体验之后都会产生口碑。这些口碑也会形成城市品牌形象，体验者会结合自己的感受及城市管理者发布的城市品牌形象推广元素进行比较，产生城市品牌形象的感知差异。这些感知差异的收集和研究会反映在城市的利益相关者对城市的诉求中，并被利益相关者连同城市品牌评估收集起来再做调整。而且，体验也会被城市管理者用来进行品牌评估，反馈给城市品牌的管理者。

在城市品牌形象引入阶段，对于功能性应该重点强调品牌要素在解决基本的生存和居住相关问题方面的能力，凸显其功能表现不同于竞争对手之处；对于宜居性，应突出品牌所能提供的感官满足和舒适体验；对于文化性，应努力传递品牌在体验和情感方面的利益，提出既有城市特色，又能促使利益相关者感知一致且符合他们认同的元素。

在城市品牌形象经营阶段，品牌定位战略只是引入阶段战略的延伸，结合对口碑和体验感受的判断，当城市中主要的利益相关者对城市品牌形象的感知与城市品牌形象的输出产生差异时，营销组合要素要根据条件的变化进行适当调整。

在城市品牌形象巩固阶段，强化经营阶段已经建立起来的城市品牌形象，或通过加入新的竞争优势与现行的城市品牌概念保持一致，来促成这一目标的实现（王长征 等，2007）。

6.3 小结

本章在上一章的研究基础上，先提出城市品牌形象的主要构成：城市品牌形象评估指标和城市品牌识别符号，结合区域品牌战略管理模型，搭建了本研究的城市品牌形象管理的模型和机制，并提出了城市品牌形象的创新策略。城市品牌的发展是分阶段的，是变化的，因此，城市品牌形象也应该及时调整策略。本研究提出的城市品牌形象的管理机制体现了城市应该怎样组织和以怎样的方法实现城市品牌形象管理的目标，并能针对外界环境的变化对管理目标进行调整以便适当更新。在以往研究的基础上增加了反馈和评估的程序，符合设计思维系统工具的研究思路。至此，本研究完成了以设计思维系统工具搭建全部城市品牌形象研究的过程。

第 7 章

结论

7.1 研究结论

本研究借助设计思维系统工具以调查研究—定义问题—形成概念—搭建原型的流程完成全书的研究框架。

首先，通过对利益相关者的深度访谈，获得利益相关者内心真实想法的第一手资料，了解利益相关者在城市中的体验和需求。

然后，利用扎尔特曼隐喻提取技术进行调研，了解利益相关者对城市品牌形象的心理认知，绘制了四个城市品牌形象的共识地图，探索对于城市品牌形象的官方宣传和利益相关者感知之间的差异，定义城市品牌形象的研究问题。

其次，使用凯利方格法探索受访者对城市品牌形象的心智模型，通过探索利益相关者内心对城市品牌形象的隐性认知，提取利益相关者对城市品牌形象的价值取向和选择偏好，提出了基于顾客价值的城市品牌形象评估指标：功能性、宜居性和文化性，构建了城市品牌形象管理的理论模型的主要构成元素。

最后，根据前面三个环节的研究，完成构建城市品牌形象的管理模型，形成城市品牌形象的管理机制，为城市品牌形象的创新提供策略和建议。本研究认为，在城市品牌形象引入阶段，对于功能性应该重点凸显城市基础设施满足利益相关者居住和生活的功能表现；对于宜居性，应突出城市品牌所能为利益相关者提供的舒适体验和满足感官的需求；对于文化性，应努力传递品牌在体验和情感方面的利益，提出既有城市特色，又能促使利益相关者感知一致且符合他们认同的元素。在城市品牌形象经营阶段，品牌定位战略只是引入阶段战略的延伸，结合对口碑和体验感受的判断，当城市中主要的利益相关者对城市品牌形象的感知与城市品牌形象的输出产生差异时，营销组合要素要根据条件的变化进行适当调整。在城市品牌形象巩固阶段，强化经营阶段已经建立起来的城市品牌形象，或通过加入新的竞争优势与现行的城市品牌概念保持一致,来促成这一目标的实现。

7.2 研究贡献

在理论方面,理清品牌形象的概念和构成,在此基础上对城市品牌形象进行界定和评述,对于以往研究中城市形象和城市品牌形象的概念混淆互用的问题做了概念辨析。另外,对顾客价值理论做了梳理,为城市品牌形象的创新策略找到出发点和理论依据。

在研究方法方面,本研究使用扎尔特曼隐喻提取技术和凯利方格法分别研究城市品牌形象的感知差异和评估指标,这在城市品牌形象研究领域并不多见,为这个领域提供了研究技术上的创新和更多的可能性。

在框架结构方面,把设计思维系统工具搭建在全书中,而不是使用在一般调查研究的流程中。这种具备设计管理思想的写作思路,为设计思维工具的使用拓宽了道路。

在研究结果方面,搭建了本研究的城市品牌形象管理的模型和机制,并提出了城市品牌形象的创新策略。尤其强调城市品牌符号除了传统视觉符号之外,还有嗅觉、听觉、味觉和触觉的品牌识别符号,拓宽了现有城市品牌形象的识别和传播领域的研究。引入区域认同的视角,为城市管理过程中品牌形象元素的选择和设计提供了更广阔的思路。

在未来的研究中我们会考虑把样本扩展到其他地区的中小城市中,并进一步完善指标的覆盖度,以验证研究的适用性和有效性。

附录

基于 ZMET 研究受访者心智模型的访谈资料及初始构念提取过程

北京组访谈资料及初始构念提取　　　　附表 A-1

编号	故事（由受访者亲自讲述，本书记录、整理如下）	构念提取
A1-1	"这张图片中的工厂残骸已被改建成展览馆供游客参观。这里曾是电子工业园区，对国家电子工业的建设、国防、通信工业建设做出过卓越贡献——是曾经的社会主义阵营对中国的援建项目之一，原民主德国曾赋予建设联合厂的重任。因此，其大部分厂房建筑形式都是直接"照搬"德国设计。其中，负责建筑设计的机构与当年的包豪斯学校在同一个城市，而这张照片摄于包豪斯成立 100 周年时，当时艺术中心正在举办包豪斯设计巡回展。1954 年施工，1964 年改制，2000 年搬迁，2001 年后艺术家们聚集在原厂房的空壳下，利用其原有的包豪斯建筑风格，稍做装饰，将其改建成富有特色的艺术展示和创作空间"	艺术区、厂房、残骸、工业、建设、包豪斯、设计、创意、残破不堪、锈迹、复杂、改造、重复利用、景点、矗立、命运
A1-2	"北京首钢曾经是中国拥有最先进技术的钢铁厂，曾经跻身世界 500 强企业。3 号高炉曾经是明星高炉，曾是多国元首的参观之地。2010 年根据北京市规划要求，首钢迁出北京，锅炉弃置在原地，3 号高炉因其原有知名度，改建成博物馆。这里是我非常希望能去的地方。从原有的废墟中重获新生，斑驳的铁锈无声地透露着往日的辉煌。我的感受有很多：宏大、渺小、峥嵘、萧瑟、静寂、活力、历史、记忆、荣光、责任……作为建筑师，从走入这座震人心魄的恢宏钢铁'巨兽'的那一刻起，就走入了一场宏大的更新剧目中"	厂房、改造、工业、硬朗、参观、宏大、渺小、峥嵘、萧瑟、寂静、活力、记忆、荣光、责任
A1-3	"地处 CBD，黄金地带。激进的设计反而为原本就是"混凝土森林"的北京金融中心注入了别样的活力。尽管北京的老人都说'这不就是个楼'，但或多或少，还是要带着外地的朋友去看。该说又爱又恨吗？车水马龙，泰然自若"	激进、钢筋水泥、怪异、激进、玻璃幕墙、繁华、金融、又爱又恨、泰然自若、宏大、结构
A1-4	"静谧这个词永远不是描述三里屯的，但用来描述雪夜，没有问题。这里是北京年轻人喜欢逛的地方，是北京少数几个 24 小时不眠不休的地方。当然，三里屯的优衣库还有更衣室的大新闻，那里现在成了某种不可描述的打卡地带"	静谧、活力、激情、繁华、明亮、大新闻、玻璃幕墙、盒子、不眠不休、打卡、繁忙、年轻、青年文化
A1-5	"这里是'宇宙中心五道口'。历史上的五道口本身就是老京张铁路的一个道口，现在，这里是北京最名副其实的学生文化胜地：来自五湖四海的学子们聚集于此，因为这里有着清华、北大等十几所著名一流高等学府，毗邻上地企业园区（金山、联想、方正、小米的总部），是'梦开始的地方'。即使是新冠疫情期间，也能看到川流不息的人群（当然，屋里面都是人）"	明亮、"宇宙中心"、高等学府、学生文化、京张铁路、历史、著名、繁忙、新生代、交汇、起点、高等学府

115

续表

编号	故事（由受访者亲自讲述，本书记录、整理如下）	构念提取
A1-6	"这是由扎哈·哈迪德设计的解构主义建筑，这里环境安静，建筑唯美。作为本地人，我很不喜欢这里：一方面，你很难从这张照片的视角去看这里；另一方面，杰出设计的建筑内流动的是每天工作18小时的打工人，这是一座美丽的、需要加班的'工厂'所在地——你从图片就能看到，依然有不少办公室在夜里灯火通明"	扎哈·哈迪德、解构主义、安静、唯美、有机、流动、加班、灯火通明、庞大、通透
A1-7	"天安门庄严、肃穆、人山人海。升旗是一件严肃、神圣的事，具有象征意义"	天安门、庄严、宏大、肃穆、人山人海、经典、神往、神圣、严肃
A1-8	"我喜欢故宫，喜欢它地面上的残砖，喜欢那黄色琉璃瓦和脊兽，但我不喜欢'一下雪，北京就成了北平'这种开历史倒车的描述。同样的庄严、肃穆，这里还到处都散发着'规格'与'级别'的概念。建筑的尺寸、颜色、所用材质都被严格划分并且有着自己的含义，故宫象征皇权与尊严，但现在，也成了历史的尘埃"	残砖、黄色琉璃瓦、脊兽、清朝、北平、北京、庄严、肃穆、规格、阶级、对称、历史
A1-9	"雍和宫是古代皇帝用于祈祷、祭祀的场所，以求风调雨顺、国泰民安。现在，这里成了周围住四合院的老百姓们休闲的场所（可使用公园年票）。这张照片摄于冬季，游客不多，以外国的旅行团为主。这里有着中国皇家园林的布局，位处北京中轴线、对称结构，也是二环内少数能看到大片绿地的地方"	祈祷、休闲、静谧、对称、皇家园林、绿地、历史、清朝
A1-10	"长城建在巍峨的山巅之上，但八达岭现在能攀爬游览的，只有地势相对较缓的一段区域。作为古代建筑的奇迹，有'不到长城非好汉'的说法，也算是中国的一种名片印象了"	长城、山巅、巍峨、奇迹、遗迹、残骸、浩大、厚重、"不到长城非好汉"、文化、名片、壮丽
A2-1	"好吃的东西对我的吸引力很大，我就是想去北京吃正宗的北京烤鸭，烤鸭肥瘦相间，外焦里嫩，是老北京风味。配料和酱料增加风味的同时还能解腻，而且可以根据个人口味调配，包烤鸭的过程中大家可以互动交流，可以帮朋友包。这个过程很亲切，也可以增进感情"	北京烤鸭、外焦里嫩、正宗、交流、亲切
A2-2	"小时候在天安门看升国旗，人山人海，场面很壮观，军人训练有素，很严肃也很感人，能真切地感受到新中国成立的不易，有很多民众自发前来，感受到一个民族崛起的力量"	天安门、人山人海、壮观、严肃、力量

续表

编号	故事（由受访者亲自讲述，本书记录、整理如下）	构念提取
A2-3	"胡同里有很多北京大爷，白背心是他们夏季的统一标配，胡同的闷热使得他们通常会露出大肚皮，但他们很热情，会和你交流，也会互相问候，他们说话的口音也能让你瞬间感受到自己身处北京胡同，他们凭借着自身极具辨识度的个人形象，成了北京特色"	北京大爷、胡同、白背心、肚皮、口音、高辨识度、热情
A2-4	"京剧是一种传统国粹，给我的感觉是长而冗杂的。偶然有机会去看京剧，原以为我会看不进去，但现在的京剧已经有了很多新颖的改良，并且也会贴心地用简体字在舞台旁边标示，不用担心看不懂。舞台上演员的表演很震撼、感人，他们在传承文化，经典的剧情通过演员的表演，会给你不一样的感觉。剧场里年轻人依然很少，但是我觉得以后京剧会被越来越多的年轻人喜爱，也会一直发扬下去"	京剧、新颖、改良、震撼、传承文化、年轻人喜爱
A2-5	"爬长城是个体力活，但是很有成就感，一块一块的砖石，能让人感觉到中华文化传承下来的历史脉络。长城是古人用汗水辛劳铸造成的。长城的存在，显示当时的中国国力的强盛，让人感慨。攀爬的途中景色很好，空气清新，路面干净"	长城、成就感、汗水、辛劳、强盛
A2-6	"2008年奥运会的时候建设的，形体仿照鸟巢，有孕育生命的美好含义。印象停留在奥运会时带给人的兴奋感和自豪感。平时似乎使用不多，是个漂亮的建筑"	奥运会、美好、兴奋、自豪、漂亮
A2-7	"爸爸买回来了五个福娃的玩偶，玩偶很精致，但是没有觉得很可爱。玩偶较瘦，抱着睡觉不舒服，具有观赏和纪念价值吧，很有奥运会的热情感"	福娃、精致、观赏价值、纪念价值、热情
A2-8	"故宫，现在给人的感觉是国际化，吸引很多不同国家的人去参观，壮丽威严、气势磅礴，会让我想起中国古代历史上的皇帝在这里生活过的场景，一年四季都很美丽，皇帝太有钱了、太奢华了，故宫太大了，珍贵的宝物太多了，没有全部开放让人惊叹"	故宫、历史、国际化、壮丽、大气、奢华、宝物、惊叹
A2-9	"北京有很多高等学府，以北京大学、清华大学为代表，每年都有数以万计的优秀毕业生进入社会，其中北京大学校园风格古朴、典雅，树木郁郁葱葱，学术氛围浓厚，活力四射，文化深厚"	北京大学、清华大学、古朴、典雅、高等学府、学术氛围浓厚
A3-1	"牛栏山二锅头，'经典二锅头，地道北京味'。二锅头作为京酒的代表，已有800多年的历史，做酒的时候整个牛栏山都是酒香味。牛栏山酒十分亲民，有物美价廉的简装，也有包装精美的精装"	牛栏山、二锅头、北京味、酒香、亲民

续表

编号	故事（由受访者亲自讲述，本书记录、整理如下）	构念提取
A3-2	"故宫是北京旅游必去的景点之一，看到故宫就会想到历史上这里是皇权的象征，是历史的见证，建筑高大雄伟、气势恢宏，节假日一票难求，到了初雪的时候，游客、当地人会挤满故宫"	故宫、历史、象征、雄伟、拥挤
A3-3	"'不到长城非好汉'。长城是古代第一军事工事，起着防御外敌入侵的作用，其建造规模之大，建造之困难，充分体现了古人的智慧，可以说是古代建造的奇迹"	长城、"不到长城非好汉"、军事工事、规模巨大、建造困难、古人智慧、建造的奇迹
A3-4	"去北京的颐和园、圆明园、天坛等地游玩，但出行高峰期的北京交通十分拥堵，能坐地铁就坐地铁，但是高峰期的地铁也是挤得像沙丁鱼罐头，比如10号线。这时是中关村的晚高峰，地面交通已经十分拥堵了，所以我从中关村地铁站出来就选择步行了"	出行高峰期、交通拥堵、地铁、颐和园、圆明园、天坛
A3-5	"在景山上不仅可以看到景山的风景，还可以放眼向南看见紫禁城，又可与北面钟鼓楼相望，还可以东眺国贸CBD，完美体现北京古今交汇的城市氛围，是北京经典的摄影机位之一"	景山、古今交汇、城市氛围、经典的摄影机位
A3-6	"北京大学作为北京代表性高等学府之一，与清华大学齐名。未名湖、博雅塔是北京大学的标志性景点。站在未名湖石舫上可以看到博雅塔，未名湖周围绿树成荫，景色优美，春天燕雀齐飞。每年夏天毕业季，毕业生在石舫庆祝毕业，也可以在红四楼的小阳台上看风景，不过得偷偷开门。冬天的未名湖冰场吸引师生享受冰面的乐趣"	北京大学、清华大学、高等学府、未名湖、博雅塔、景色优美、未名湖冰场
A3-7	"北京有很多工业遗产分散在城市的各个地方，比如798、751、首钢等，一些产区经过改造又重新焕发活力，成为公园、艺术区、画廊等"	工业遗产、改造、重新焕发活力、艺术区、公园
A3-8	"想到北京的美食就会想到北京烤鸭，像全聚德这些老店又觉得性价比不高，味道一般，但是旅游还是愿意去打个卡，大董烤鸭太贵，只会在请客的时候去，一般平时就吃便宜坊之类的平价烤鸭"	北京烤鸭、美食、全聚德、便宜坊、性价比低
A3-9	"到北京必须看的就是天安门升国旗，感受仪仗队升旗过程带来的震撼，感受大国崛起以及内心生发的民族自豪感。天安门广场每天看升旗的人很多，一年365天几乎天天人山人海。看完升旗可以逛逛天安门广场，看看人民英雄纪念碑，感受新中国的来之不易，现在美好生活的来之不易，是很好的爱国主义教育活动"	天安门、升国旗、人山人海、震撼、民族自豪感、爱国主义

续表

编号	故事（由受访者亲自讲述，本书记录、整理如下）	构念提取
A3-10	"北京胡同是老北京居民生活的缩影，是城市的脉络、生活的场所，是京味文化的精髓。北京胡同不仅有旅游景区的热闹，有非常商业化的胡同，比如什刹海，也有比较小众的潘家园附近的胡同，还有经典的摄影机位西总布胡同，可以看到中国尊、国贸大厦等，感受传统美与现代美的结合"	胡同、生活缩影、城市脉络、京味文化精髓、旅游景区、商业化、西总布胡同、传统美、现代美
A4-1	"天安门是北京市的第一批全国重点文物保护单位之一，小时候寒暑假期间曾经过。天安门广场周边有人民英雄纪念碑、毛主席纪念堂、中国国家博物馆等几大建筑。这里每天人山人海，可以说是北京客流量最大的地区之一。提到北京，人们自然就能想到天安门，天安门也是北京最具政治影响力的景点之一"	天安门广场、人民英雄纪念碑、毛主席纪念堂、中国国家博物馆、客流量大、政治影响力、第一批全国重点文物保护单位
A4-2	"八达岭长城是国家5A级旅游景区，同时也是所有长城中知名度最高的。我小学时第一次来长城誓要爬上好汉坡，在这里居高临下可以俯视山下大地的雄伟美景，'不到长城非好汉'这句经典名言早已被八达岭长城作为广告语和宣传语，在八达岭居庸关有刻着'不到长城非好汉'的石碑。对于许多第一次登长城的游客来讲，到达居庸关成为一种信念"	八达岭长城、5A级旅游景区、长城、居庸关、国家级重点文物保护单位、"不到长城非好汉"石碑、游客、信念、古香古色、壮观、雄伟、居高临下
A4-3	"鸟巢是我国最具国家代表性的国际体育场。刚上大学时，我一次次来到鸟巢，鸟巢的视觉冲击力及其建筑解构感深深地震撼到我。在鸟巢看台及主火炬塔俯视下方会场会给人带来深深的震撼。鸟巢是由我国与西方国家多名建筑师共同设计的艺术结晶，为2008年奥运会打造。整个体育场结构组件相互支撑，形成网格状的构架，其灰色矿物质般的钢网以透明的膜材料覆盖。在中国乃至世界，都很难找出这种前卫且极具金属美感的体育场"	鸟巢、国际体育场、灰色钢网、金属美感、地标建筑、建筑师、中西结合、网格状构架、2008年奥运会、看台、主火炬塔、气派
A4-4	"兔儿爷是北京民俗文化的代表，同时也是地方传统手工艺品，属于中秋佳节适应节日的儿童玩具。每逢中秋节，北京城里的百姓喜欢买兔儿爷，所以兔儿爷在北京所有文艺玩具中有着极高的地位。过去在北京南锣鼓巷、王府井大街等卖纪念品的地方均有销售，现在兔儿爷在北京的厂甸、后海以及少数商场的工艺品商店里还能偶见，已被人们渐渐遗忘。我曾在王府井大街看到有许多兔儿爷的玩具在销售"	兔儿爷、玉兔、月宫、人格化、游乐、玩具
A4-5	"皮影戏是传统文化，还是一种地道的工艺品。皮影是由驴皮、马皮、骡皮，经过选料、雕刻、上色、缝缀、涂漆等几道工序而成，一眼望去，艺术感十足。皮影制作考究，许多游客看后想购买给小孩子玩，如今在北京的前门大街到处可以看见卖皮影的手工匠人"	皮影、声腔、刺皮、描样、雕镂、着色、熨平、上油、顶缀、古朴、典雅、民族气息浓厚

续表

编号	故事（由受访者亲自讲述，本书记录、整理如下）	构念提取
A4-6	"灶神俗称灶王爷，是我国家喻户晓的神话人物之一，在北京许多餐厅都可以看见店家供奉灶王爷以求平安及财运，大学期间看到许多同学在毕业时都以顺义的灶王爷、灶王奶为设计主题，进行包装、VI 等设计，由此可见灶王文化在当地的重要地位"	灶王文化、灶王爷、灶王奶、灶神、民俗气氛、灶王文创、北京第二批非物质文化遗产
A4-7	"稻香村是'老字号'，其产品'京八件'在北京所有糕点品牌中有着特殊地位，稻香村拥有出色的设计包装，常常被当作礼品送给亲朋好友。但我品尝后发现，如今市场上出售的稻香村'京八件'味道远不如以前的好吃，和许多餐厅做的'京八件'相比，口感较差"	稻香村、"京八件"、礼品、"老字号"、包装出色、味道一般
A4-8	"4 年来，我发现，北京的超市、饭店几乎都能看到牛栏山二锅头的身影。由此可以看出牛栏山二锅头在北京人心中举足轻重的地位，牛栏山二锅头酒的口感清、爽、醇、净，由天然矿泉水、东北高粱酿造。二锅头作为京酒的代表，已有 800 多年的历史，同时也是北京最具文化特色传承的酒。本科上学期间经常经过酒厂大门"	牛栏山二锅头、牛栏山镇、牛栏山酒厂、800 多年历史、清、爽、醇、净、天然矿泉水、东北高粱
A4-9	"由于人口密集及站台较多等因素，北京地铁路线平面图十分复杂，游客第一时间难以通过查看地铁路线图找出想乘坐的地铁线路，在北京上学的我对此深有体会。和我一样，绝大多数游客会在电子平台上买票，对路线图视而不见"	北京地铁路线图、线路繁多、画面复杂、旅客、电子平台、买票
A4-10	"全聚德，中华老字号，创建于 1864 年，被誉为'中华第一吃'。周恩来总理曾多次把全聚德的'全鸭席'选为国宴。每次和北京同学去全聚德吃饭，烤鸭都是他们必点的菜肴，但往往需要提前预订才能吃到，上菜慢"	全聚德烤鸭、老字号、"中国第一吃"、预订难、上菜慢、酥、脆、嫩、果香十足、国宴
A5-1	"中国艺术高等学府，艺术考生聚集的区域。考学期间经常带着画板、画箱在花家地附近逗留。租住地下室，遇到长发的男生，还有虽然复读多年但自命不凡的学生。在学校门口买打口碟、去画材店逛、在潭州酒楼吃湖南菜、第一次在画室里遇到天南地北的同学，和山东同学一起吃馒头夹菜，去宜家吃甜筒、在路上画速写"	艺术考生、高等学府、花家地、画板画箱、画材店、长发男、地下室、自命不凡的学生、复读多年、画速写的同学
A5-2	"考学期间去玩过一次，感觉比深圳欢乐谷大很多，神奇的是在里面碰到了前来考察的国家领导，顿时惊呆了。游乐设施都很庞大，各种翻转，不适合小孩子玩耍，到最后晕得躺在公园长板凳上休息"	蚂蚁吉祥物、大型游乐设施、成年人游乐园

续表

编号	故事（由受访者亲自讲述，本书记录、整理如下）	构念提取
A5-3	"第一次去是三岁的时候，感觉天安门好大，很宏伟，很想上去看看。第二次是后来去北京考学的时候，感觉墙面刷了新漆，饱和度很高，构图很对称，冬天的时候会有乞丐在附近的井盖上取暖，印象深刻"	天安门、宏伟、华表、升国旗、毛主席画像、冬天的井盖、故宫的入口
A5-4	"小街色彩丰富，是仿古建筑，有各类小吃，特别是各类虫子，记忆深刻。和门口的两个娃娃合影过，记得一个是红色衣服，一个是蓝色衣服"	色彩饱和度高、烧烤、虫子、店员热情、价格贵
A5-5	"记忆中汇集各类商场酒吧的时尚区域，还有当年著名的"优衣库新闻"发生地。出差和朋友约在三里屯见面，感觉和十年前相比变化很大，与南方相比，这里有很多美女。餐馆的菜也很好吃，记得当时去吃了个云南菜，味道不错，装修也挺好看"	优衣库、美女、美食、酒吧、时尚
A5-6	"画廊聚集区，也汇集了各类休闲咖啡工艺品小店，旧厂房改造，有年代的氛围。十多年前去那边看画展，恰逢画展开幕式，有很多好吃的，还有很多外国人，18岁的我感到很震惊，心想看画展为什么要吃东西"	画展、艺术区、外国人、开幕式、咖啡馆、文创产品
A5-7	"记忆中感觉马路特别特别宽，过个马路很辛苦，沿途建筑很有历史厚重的老北京的感觉，特别是经过天安门，庄严、肃穆，我会一路注视到它消失。在前往颐和园、天坛公园、圆明园等诸多景区游玩时，路上的车辆十分拥挤。周围没有高楼，楼房限高，往东可以去王府井，往西能到西单"	马路宽、庄严、天安门、历史、颐和园、天坛公园、圆明园、楼房限高、王府井、西单、国旗
A5-8	"长安街沿途有意思的建筑，像是漂浮在水上的一个球，夜晚很漂亮，但还没进去过"	设计师、音乐、歌剧、艺术家、交响乐团、夜景
A5-9	"学生时代吃一次烤鸭是很奢侈的事情，记得师傅片鸭时技法娴熟，鸭皮金黄香脆，夹着大葱、黄瓜在卷饼里配着吃，真是美味至极"	北京烤鸭、皮脆、卷饼、大葱、京酱、好吃、满足
A5-10	"记得门牌上的字看起来很像"中央我刻学院"。好朋友在中戏读书，过去找她玩，看到学校美女、帅哥好多！附近有很多酒吧餐厅，连着后海，感觉学生在那一片生活很爽"	中央戏剧学院、美女、帅哥、文艺范儿、戏剧、后海、酒吧、高等学府、旅游区

附录 基于ZMET研究受访者心智模型的访谈资料及初始构念提取过程

广州组访谈资料及初始构念提取 附表 A-2

序号	故事（由受访者亲自讲述，本书记录、整理如下）	构念提取
C1-1	"石室圣心大教堂（Sacred Heart Cathedral）坐落于广州市越秀区一德路，是天主教广州总教区中的一间大教堂。教堂建于1863年，落成于1888年，建造历时25年。由于教堂的全部墙壁和柱子都是用花岗石砌造，所以又称为石室或石室耶稣圣心堂、石室天主教堂。1996年被列为全国重点文物保护单位"	石室圣心大教堂、宗教、文化
C1-2	"城中村是指留存在城市区域内的传统乡村，是中国大陆地区城镇化进程中出现的一种特有的现象。在改革开放后的30多年间里，一些经济发达地区（如珠三角、长三角、环渤海、直辖市、省会城市等）城市的建成面积迅速扩张，原先分布在城市周边的农村被纳入城市的版图，被鳞次栉比的高楼大厦包围，狭窄、破旧成为'都市里的村庄'。广东省的广州、深圳等城中村较多"	城镇化、城中村、共生、破旧
C1-3	"居住在广州的黑种人，大多来自肯尼亚、尼日利亚、马里、几内亚、喀麦隆、利比里亚和刚果等非洲国家"	文化差异、多元
C1-4	"岭南建筑里的民居许多靠着水边建造。主要形式是窄门高屋或'镬耳屋'（屋顶拱起来的岭南式建筑）。比较典型又集中的岭南建筑和景观，有青云巷、趟栊门、蚝壳墙、满洲窗、水塘，还有多条溪流，充满岭南风味特色"	镬耳屋、白墙黑顶
C1-5	"广州十三行是在广州经营对外贸易的专业商行，又称洋货行、洋行、外洋行、洋货十三行。清康熙二十四年（公元1685年）开放海禁后，清政府分别在广东、福建、浙江和江苏四省设立海关。粤海关设立通商的当年，广州商人经营华洋贸易。清乾隆二十二年（公元1757年）以后，清政府关闭了沿海江苏、浙江、福建三关，仅保留粤海关一口对外通商，广州十三行便成为当时唯一合法的进出口'贸易特区'。直到清道光二十二年（公元1842年）《中英南京条约》订立，统揽中国外贸特权80多年的广州十三行被废止"	广州十三行、商贸、洋行、发展、对外港口
C1-6	"饮茶，是指一种源自中国广州的粤式饮食，而后在广东乃至世界各地传播，成为广东文化的一大特色。饮茶主要包括了饮茶及茶食点心，而点心中数虾饺和叉烧包在早期广受欢迎，故此粤语形容饮茶为"一盅两件"（一盅茶＋两件点心）。广东一带非常流行，近年更流传到中国其他省份及世界各地，成为最具代表性粤菜饮食文化的一部分"	饮茶文化、饮茶、美食、粤菜
C1-7	"2011年，重返中超首季的广州恒大就获得当届联赛冠军，是中国足球联赛史上首队在升上顶级联赛第一年就勇夺冠军的球队。之后于整个21世纪10年代，广州恒大夺得了8次中国超级联赛冠军（2011～2017年、2019年），2次中国足协杯冠军（2012年、2016年），4次中国足协超级杯冠军（2012年、2016～2018年），2次亚洲足联冠军联赛冠军（2013年、2015年）与2次俱乐部世界杯殿军（2013年、2015年），成为近年亚洲最为成功、最具影响力的职业足球俱乐部之一"	竞技、荣耀、拼搏、恒大

续表

序号	故事（由受访者亲自讲述，本书记录、整理如下）	构念提取
C1-8	"陈家祠堂是集岭南历代建筑艺术之大成的典型代表，包括前院、西院、东院及后院，占地15000多平方米。其建筑深三进，广五间，由9座厅堂、6个院落、10座厢房和长廊巷组成，建筑中心是高达14.5m的中进主殿'聚贤堂'。整个建筑根据中国古建筑形式美的原则，把众多大小不同的建筑物巧妙地组合布局在平面方形的建筑空间里，前后左右严谨对称，虚实相间，极富层次。长廊、青云巷使整个建筑四通八达，庭院园林点缀其中，形成各自独立而又相互联系的整体"	陈家祠堂、古建筑、庭院、园林
C1-9	"广州，简称广或穗，别称羊城、花城。广州地处亚热带，长夏暖冬，一年四季草木常绿、花卉常开，自古就享有花城的美誉。广州人种花、爱花、赏花和赠花的历史悠久。西汉时期，陆贾出使南越国时，就发现岭南人爱种花、插花、戴花，屋前屋后、厅堂房内也都摆满了花，便赞誉这里都是'彩缕穿花'的人。汉代的广州，随着海上丝绸之路贸易的兴起，已引入海外各种花卉，唐代广州的花卉已全国闻名，著名诗人张籍曾描绘广州冬季仍然处处有花草的奇景：'海花蛮草连冬有，行处无家不满园。'这时期海外的茉莉花、指甲花、素馨花等的种植已很普遍，并开始出现花卉的买卖市场，当时广州卖花姑娘以彩绳穿起各种花卉出售，吸引了中外游人。清代中叶，广州已形成国内首创、闻名海内外的'迎春花市'"	花城、绿化率、空气质量、宜居城市
C1-10	"广东园林是岭南园林的主流，是中国五千年文化史造就的艺术珍品。它以山水的英石堆山和崖潭格局、建筑的瓷顶宽檐和碉楼冷巷、装饰的三雕三塑、色彩的蓝绿黄对比色、廊桥、植物的四季繁花为特征，充分体现了天人合一的文化特色，表现一种人与自然和谐统一的宇宙观。岭南园林，亦称粤式园林，是广东、广西地区独具一格的园林设计，和江南园林、四川园林等并列为中国园林的主要风格之一。现存的岭南四大园林分别为顺德清晖园、佛山梁园、番禺余荫山房和东莞可园"	广东园林、岭南园林、文化、休闲
C2-1	"广州作为一线港口城市，地理位置优越，历来发展平稳。高校多，众多优质企业也为人们提供了大量的发展机会。在这样的实力背景下，广州成为许多年轻人向往的城市。由于地理位置优越，广州每年频繁举办展会、会议活动，广州的经济发展因此有了可靠的保障，且在国家、国际层面活跃度也得以提高。除此之外，广州的人文气息也十分浓厚，这是活力的另一种体现。各大商圈也为广州的城市形象加分，这些商圈聚合了广州的吃喝住行，包括美食、老字号、网红打卡地（比如广州塔，俗称"小蛮腰"），购物天堂等。当我去到这些场所时，也深刻地感受到了广州的活力所在。在这些场所，不论是年轻人或是中老年人，每个人的脸上都洋溢着快乐，这是广州的魅力。在广州，马路上行色匆匆的路人、车厢中拥挤的乘客、广场上喜笑颜开的年轻人、街巷中生动活泼的孩童、写字楼下几人成行的上班族等，都是广州活力生活的写照"	现代、活力、CBD商圈、广州塔、小蛮腰

附录：基于ZMET研究受访者心智模型的访谈资料及初始构念提取过程

续表

序号	故事（由受访者亲自讲述，本书记录、整理如下）	构念提取
C2-2	"广州人口密集，工作日广州3号线各站台人山人海，早上6时开始地铁内人就开始非常密集，人挤人，能感受到广州的生活节奏很快，人们都在为自己的生活忙碌着"	密集、拥挤、忙碌
C2-3	"广州被称为'花城'。'广州过年，花城看花'，广州不仅是一座历史悠久的'花城'，更是一座现代化的大都市"	"花城"、休闲
C2-4	"在没来广州之前，已经对广州的饮茶文化有所耳闻。广州有优越的地理环境和悠久的历史所沉积的独特风俗文化，比如广州早茶店铺，里面大多是广州本地人，一壶茶、几碟小吃、茶点，人文气息浓厚。民间艺术在广州也有十足的展示，像皮影、剪纸、编织、绣花、舞狮子等，都是广州很著名的民间艺术，也是岭南文化的瑰宝。因此，为广州刻上传统与人文的烙印并不为过"	饮茶文化、传统、人文、古朴
C2-5	"'五羊衔谷，萃于楚庭'。传说周朝时候，广州地区连年灾害，人民生活困苦。忽一日，有五位仙人，身着五彩衣，骑着五色口衔稻穗的仙羊降临，人们得了仙人的稻穗，从此免于饥荒。后来，仙人走了，五只羊却变成石羊留了下来"	五羊、巧妙、创意、民间传说
C2-6	"陈家祠堂具有典型的岭南建筑特色，据说以前是摆满了灵牌的，多达一万多个，可见陈氏这一姓当时的兴旺之态，以及对修建祠堂的热衷。因为当时是根据捐资的多少来分配神龛上灵牌的位置"	陈家祠堂、岭南建筑、人文、传统、精致
C2-7	"经济发达的一线城市，也不乏一些'落后'的景象，城中村成为广州不可忽略的一部分，是很多外地人来广州打工暂时的居住地。不同层次的人都能在广州生存下来，不只是有文化和有钱的人，一线城市的广州也需要底层打工者，这是一座包容、多元的城市。城市的繁荣，需要所有劳动者付出辛勤的汗水来推动"	城中村、"落后"、多元、打工、包容
C2-8	"密集是一个可以形容广州的词语。广州人口多，本地人与外来人口许多都居住在城中村，造成了密集的现象，因而也产生了文化、经济等多方面的交流，使得广州可以多元化发展"	城中村、多元
C2-9	"广州是近代走在中国前列的城市。圣心大教堂是老广州的标志性文物建筑之一，是与近代西方进行文化交融的一个体现"	中西文化交融
C2-10	"广州并不是我印象中的那样所有人无忧无虑的城市，但却是一个充满努力与向上的地方。清晨就能看到行色匆匆的上班族，半夜还能看到处奔走的外卖小哥和街上行走的人们"	多元、拥挤、繁忙
C3-1	"提到广州一定离不开美食，对于生活在广州的北方人来说，粤菜、早茶是最有代表性的了。每当有北方的朋友来广州，我都会带他们去品尝点都德早茶，朋友无不赞叹"	粤菜、美食、早茶、点都德

124

续表

序号	故事（由受访者亲自讲述，本书记录、整理如下）	构念提取
C3-2	"广州是一座老城，但并不代表它死气沉沉，广州有很多 Livehouse，每周都有许多乐队在演出，我读书的时候每个月都会去听现场，感受广州的活力"	活力、年轻、热血、激情
C3-3	"最初从北方来到广州是 2008 年的夏天，炎热、潮湿的空气里夹带着植物的香气，令我印象深刻。大学城里路旁都是榕树，也是我第一次见到这种带有茂密须根的树"	炎热、潮湿、榕树、须根、植物的香气
C3-4	"广州的花都之称并非浪得虚名，一年四季都能在路边见到各色盛开的花朵"	花都、花朵、鲜艳、盛放
C3-5	"广州大学城是我学习、生活了 7 年的地方，毕业后每年也会回去几次，每次回到大学城都会觉得身心放松，真的有一种回到故乡的感觉，当年读书时候的很多往事都历历在目"	广州大学城、蓝天、自由、放松
C3-6	"每次回到大学城都会去我以前的宿舍楼下停留一会儿，怀念以前的大学时光以及当年和同学们一起奋斗的日子"	宿舍、回忆、奋斗、时光
C3-7	"东山口应该是最能代表广州气质的地方了吧，洋气又古朴，繁华中带着浓浓的生活气息。路边随处可见上百年的华侨洋楼，看上去永不过时"	东山口、洋气、古朴、繁华、华侨洋楼
C3-8	"广州老城区有许多老式的骑楼，凝结了广东人的智慧，楼上住人、楼下经商，既能遮风挡雨也不影响通行，既巧妙又实用"	骑楼、智慧、经商、务实
C3-9	"网上流行这样一种说法：'没去长隆等于没去广州'，我觉得不无道理，长隆的确非常值得一去，各种大型玩具刺激又好玩"	长隆、旅游、刺激、有趣
C3-10	"不知道大家有没有在上下班高峰期体验过广州地铁 3 号线，拥挤程度可能让你难以忘怀"	3 号线、拥挤、狼狈
C4-1	"爱群大酒店建于 1934 年初，是当时华南地区最高的建筑物，又是一座典型的骑楼建筑。曾夺广州建筑物之冠，被当时的新闻媒体誉为'开广州高层建筑之新纪元'，并曾以设备最新式、功能全、室内豪华著称"	爱群大酒店
C4-2	"黄埔军校是近代中国一所著名的军事学校，培养了许多近现代闻名的指挥官"	黄埔军校、指挥官
C4-3	"历史风云的圣地，1895 年在广州发生的一次反清武装起义"	历史、起义

续表

序号	故事（由受访者亲自讲述，本书记录、整理如下）	构念提取
C4-4	"到广州打工的外地人非常多，这是最早的来广州经商和打工的人的印象，其实我们都是践行中国梦的'客家'人"	经商、打工人、
C4-5	"最宜居在广州，大家的日常就是吃吃喝喝，很有生活气息"	宜居、饮食
C4-6	"今天我不关心大都市，唯有街头才有我的'心水小店'"	宜居、街头小店
C4-7	"民以食为天。美人易老，唯有美食永恒"，这里有丰富的饮茶文化	广式早茶、美食、饮茶文化
C4-8	"我认为粤语是最显著的岭南风情，我的粤语水平是：'识听唔识讲啊！'（我听得懂粤语，但是不会说）。杨箕村到处都说粤语"	岭南风情、粤语
C4-9	"广州塔是广州市的地标建筑，靠近珠江，是很好的城市观景台，夜景尤其美，是'大县城里的国际大都市'"	广州塔、珠江、城市观景台
C4-10	"'年三十晚，行花街，迎春花放满街排，朵朵红花鲜，朵朵黄花大，千朵万朵睇唔晒。'民谣里的广州年，离不开花的元素。迎春花市是最让人期待、最具有文化特色的广州年俗活动"	花城、迎春花市、花街
C5-1	"五羊雕塑——小时候对于广州、南方的记忆。高大的群雕，我爬上去触摸小羊，和父亲的互动记忆好像还很清晰。后来上学再回到广州，突然发现记忆中高大的雕像变得很小，广场也很小，记忆会有变化"	五羊雕塑、广场
C5-2	"从小在北方长大，对南方祖籍的记忆始终和在广州火车站的全家合影联系在一起。广州火车站是回梅州老家的中转站。记得火车站前红色的出租车，是20世纪80年代广州城市发展迅速的见证，很自豪"	广州火车站、城市发展、迅速、历史见证
C5-3	"小时候记不清是陶陶居还是广州宾馆（老妈说曾经来过这里）。记忆最深的有两个。现在还记得第一次看见电梯时的惊愕——'几个人从地底下冒出来'，当时还拉着别的小孩一起围观这个神秘的东西。还有就是饭店里的绿色、蓝色的装饰小霓虹灯，一闪一闪的"	海珠广场、饭店、装修、时髦
C5-4	"2000年第一次独自来广州，下火车就被拉到陌生人的车上，后借机逃脱。后来对广州火车站的印象就变为恐惧的、危险的、鱼龙混杂"	印象、恐惧、危险、鱼龙混杂
C5-5	"在广州读书期间去上下九、康王路华林寺玉器城等地方淘宝。骑楼刚刚完成改造，但是感觉没有人气，比较荒凉和凋敝"	上下九、骑楼、玉器城、成行成市

续表

序号	故事（由受访者亲自讲述，本书记录、整理如下）	构念提取
C5-6	"《外来媳妇本地郎》是我至今唯一一部看过的广州本土电视剧。对粤语有了初步了解，对广府文化有了很深刻的印象，也了解到广州街坊在西关大屋中的日常生活"	粤语、本地
C5-7	"第一次师兄带着我来的地方，那时候被认为是'小资'的地方。在二沙岛江边漫步，看着对岸的现代高层建筑就觉得非常发达。后来就常来二沙岛的广州美术馆看展览，到星海音乐厅听音乐。后来在二沙岛工作、生活了一段时间。自此，对'美好生活的向往'有了具体目标"	二沙岛、"小资"、发达、现代
C5-8	"被师兄带去的第二处地方是沙面，那里有新古典风格的使馆建筑群，还有中国第一家五星级酒店。沙面的感觉是幽静的、中西合璧的"	沙面、中西合璧
C5-9	"平生第一次吃海鲜大餐。水产市场总是湿乎乎的，各种鱼虾蟹海产很新奇、很新鲜、鲜活"	黄沙海鲜市场、海鲜大餐、新鲜、鲜活
C5-10	"以前家距离白云山很近，每周都去爬山。每周末一早登山吃早茶已经成为习惯。早上登山人已经很多，主要是广州本地人，所以认识到广州人是喜爱户外活动的（比如登山、踢毽子、打羽毛球等活动很多）"	白云山、运动、早茶、登山
C6-1	"广府节俗的除夕花市，南汉时就已有记载，到19世纪中叶，花市例定在除夕前几天举行，花木涌入城市，十里长街，市民结伴'行花街'，热闹非凡，至今越办越旺，发展到珠江三角洲的许多城市都有此俗"	春节花市、热闹、吉祥
C6-2	"有句谚语：'行过花街先过年'。岭南广州地处亚热带，长夏暖冬，一年四季草木常绿、花卉常开，很早就享有'花城'的美誉。广州人种花、爱花、赏花和赠花的习俗由来已久。清代中叶，广州就已形成了国内首创、闻名海内外的'迎春花市'了，在市中心的藩署前（今广州市北京路财厅前）一带形成花市，数里长街，斗艳争芳，人潮涌动"	行花街、热闹、赏花
C6-3	"舞狮是中国优秀的民间艺术，每逢元宵佳节或集会庆典，民间都以舞狮助兴。舞狮有南北之分，南狮又叫醒狮，是地道的广东民间舞，现流传于广东、广西及各地华侨中。广东醒狮较出名的有佛山、遂溪、广州等地。南狮流行于南方，表演有采青过程，南狮'狮头'与'狮被'紧紧相连。南狮头上扎有一只角，威猛粗犷，讲究神似，鼓乐激昂，令人警醒，故称为醒狮"	醒狮、喜庆祥和
C6-4	"广府庙会是广东'一城一特'春节活动之一，也是广东省地方传统民俗文化。广府庙会围绕广府文化传承和推广，通过"政府搭台，民间唱戏"的方式，着力弘扬广府传统民俗文化。整场庙会为期7天，涵盖了多个领域的广府文化：包含了祈福文化、民俗文化、美食文化、非遗文化、商贸休闲文化等丰富的内容，还会举办如木偶荟萃、中华绝活、武林大会、元宵灯会等主题活动"	广府庙会、丰富、民俗文化、广府文化

附录 基于ZMET研究受访者心智模型的访谈资料及初始构念提取过程

续表

序号	故事（由受访者亲自讲述，本书记录、整理如下）	构念提取
C6-5	"赛龙舟起源是因屈原跳江后，百姓们不舍屈原离去，争相在江中划龙舟追寻屈原而来的，后来划龙舟就逐渐演变成一场全国性的端午盛事。广东人的龙舟文化是'传统'与'突破'的和谐融合，也是广东这边土地包容性的巨大体现。与龙舟相关的各项程序，极具仪式感，而广东各地的龙舟赛事，也是各具特色"	赛龙舟、和谐
C6-6	"骑楼是岭南地区独特的建筑现象，其中又以广州的骑楼最为著名。作为广州的一个符号，骑楼充分体现了广州的商业文化特色，更见证了广州的现代化进程。漫步在骑楼下，感受着骑楼空间所带来的夏日难得的清凉，阴雨天将雨帘挡在身外，享受着氤氲湿气所带来的愉悦"	骑楼、商业文化
C6-7	"粤剧艺术博物馆是具有水乡特色的中国园林式博物馆，青瓦白墙里精心安顿着许多错落有致的假山以及花草树木。回廊月门，花格小窗，各自在其应有的位置上。馆中央流淌不息的瀑布，是全馆活力的来源。整体看，这个大院落遵循岭南庭院'连房广厦'一式布局的精髓，精致、典雅大气而优美。为仿古园林风格的建筑，由一个中心大水庭配合着'别院声歌、普天呐咏、梨园钟声、銮舆载乐、吉庆别馆、琼花畅曲'6组别院"	粤剧艺术博物馆、粤剧、园林、典雅、大气
C6-8	"广彩是在各种白瓷器皿上彩绘烧制而成的特色传统工艺品。由于早期广彩瓷的色料多用矿物原料，而近代则多为化工用料，所以前者彩料施得厚，发色不够理想，色彩较为沉暗，金彩也不够亮。在色彩的调配和运用中，使用比较多的是复色，能很好地表现层次与和谐。这个时期有两种色彩值得特别注意，就是干大红和麻色。近代的广彩瓷色彩多使用原色，以红、绿、金色为主，色彩鲜艳，金光夺目，但彩料偏薄，并且有变色和脱落现象"	广彩、特色、鲜艳
C6-9	"岭南地区的砖雕创作题材，一般可分为戏曲人物故事和山水花鸟动物两大类。戏曲人物故事除了中国经典题材。也有粤剧等特色题材。山水花鸟动物类除了蝙蝠、麒麟等祥瑞图案外，也有荔枝、红棉等岭南地方风物题材。此外，有岭南书法诗词砖雕。工艺精湛的清代砖雕，内容有人物、动物、花卉等，刻功精细得不得了，造型别致灵巧、玲珑可爱，独具一格，具有粤人精细缜密之作风"	砖雕、经典、精湛、灵巧
C6-10	"广东地区从明清开始到现在一直都是对外开放的平台，广东省一直是中西交流的重要地点，特别是江门四邑有大量华侨，大量欧美和日本技艺传入广东，在当地文人的大胆创新下融合中西技艺，以色彩鲜艳、对象写实为重要特点的'岭南画派'诞生。岭南画派有四个特点：主张创新，以岭南特有景物丰富题材；主张写实，引入西洋画派手法；博取诸家之长；发扬国画的优良传统，在绘画技术上，一反勾勒法而用'没骨法'，用'撞水撞粉'法，以求其真"	岭南画派、艳丽写实

续表

序号	故事（由受访者亲自讲述，本书记录、整理如下）	构念提取
C7-1	"广州是中国革命的重要发源地，这里有七十二烈士墓等很多红色基地，比如农讲所，能让人想到很多革命的历史"	七十二烈士墓、红色、历史、烈士、革命发源地
C7-2	"很多老人家会常年包下一张桌台，几笼点心一壶茶可以聊一上午天，享受闲适的广州生活"	美食、早茶文化、闲适
C7-3	"广州有很多这样的城中村，城中村里楼与楼之间间距很小，俗称'拉手楼'。村里光线不好，阴暗、潮湿，许多来广州打拼的人住在这里，也有一些小工厂、小作坊。走进城中村会有一种压迫感，和CBD的高楼大厦形成了强烈的对比，构成了人间百态"	拉手楼、城中村、压抑、阴暗、打拼的人
C7-4	"骑楼是广州特色的建筑，融合了中西风格，也适合岭南多雨又暴晒的气候，走在老城区的骑楼下仿佛沉溺进广州古老、深邃的历史里"	骑楼、中西融合、古老、深邃
C7-5	"到黄埔古港是来打疫苗偶尔路过，看到很多岭南特色的房屋和宗祠，认识了镬耳屋，了解到原来这里是海上丝绸之路的始发港之一，感叹广州真是一座古老与现代并存、文化和科技融合、传承与创新交相辉映的城市"	镬耳屋、岭南特色、海上丝绸之路、古老、传承
C7-6	"珠江新城CBD代表了广州的繁华，展现了一线城市的现代感和快节奏。白天钢筋混凝土的'森林'，晚上灯光璀璨，承载了无数打工人的希望与梦想"	繁华、忙碌、希望、梦想
C7-7	"广州素有千年商都的美誉，现在也有很多批发市场，是商贸中心，服饰、皮具、美妆、酒店用品等各种商品从广州发往全国甚至全球各地，来来往往的商客汇聚于此，繁忙无比，在广州做生意的人大多也很务实，比较讲诚信"	商客、千年商都、商贸中心、繁忙、务实
C7-8	"广州小洲村里有许多艺术工作室，它们让这座岭南水乡弥漫着文艺的味道。村里最奇特的建筑是蚝壳屋，建筑材料主要是蚝壳，是从沙堤里就地取材的，以两两并排的组合方式，再拌上黄泥砌成，是岭南曾经'沧海桑田'的见证物"	文艺、蚝壳屋、艺术工作室
C7-9	"波罗诞是广州黄埔的民间庙会习俗，也是第三批国家级非物质文化遗产，是广州人民文化生活的亮点"	波罗诞、庙会、文化、非物质文化遗产
C7-10	"陈家祠堂古香古色，是广东现存规模最大、保存最完整、装饰最精美的中国清代宗祠建筑，有'民间故宫'的美誉。置身于此能见到很多精美的雕刻，仿佛回到古时，袭来时空的微风"	陈家祠、古色古香、民间故宫、精美、宗祠建筑

129

深圳组访谈资料及初始构念提取　　　　　　　附表 A-3

编号	故事（由受访者亲自讲述，本书记录、整理如下）	构念提取
D1-1	"深圳是一个现代化的国际大都市，毗邻香港，大厦林立。这里的夜景让年轻人的梦想时而堕入欲望的深渊，时而又吹响奋斗的号角！寻寻觅觅，去寻找自己的一方天地，苟且的笃行和远方的诗都不可辜负"	大都市、高楼林立、休闲、商业、活跃、繁荣
D1-2	"世界之窗是我高中时来深圳旅游的第一站，仿佛去到国外，最低成本领略世界风情。它的对面是欢乐谷，这一片区是深圳的娱乐区，现在这条路上多了很多博物馆提升文化气息"	世界之窗、风情、娱乐、发展、旅游
D1-3	"这个地方是我父亲2003年带我去的，还照了一张照片留念，当时还没有邓小平的雕像。深圳是因为邓小平在南海边画了一个圈，让人看到伟人的力量和觉悟，深圳人都非常感谢和怀念他。'不管黑猫白猫，抓到老鼠就是好猫'，改革开放的故事还在继续"	邓小平、改革开放、前沿、包容、机会
D1-4	"深圳的房价高是众所周知的，房价高导致租金高。大学时到深圳都是租住在城中村，现在城中村越拆越少，大学生来深圳压力越来越大，即使留下来，后期高昂的深圳房价会是阻止他们变成常住居民的拦路虎，我觉得高房价是政府应首要解决的问题"	房价高、城中村、压力、特区、打工
D1-5	"深圳证券交易所是深圳经济发达的重要标志，拥有除上海主板以外的唯一中小板。深圳也是拥有较多上市公司的城市。门前的雕塑牛是深圳经济上行的标志，也是深圳扎实奋斗的写照"	证券交易所、经济、发达、奋斗、创新、商业、繁荣、上市公司
D1-6	"深圳罗湖地铁站是深圳最早的交通枢纽。疫情发生前，这里每天熙熙攘攘、川流不息，都是进出香港口岸的人群。匆忙的脚步是深圳人勤劳、奋斗的标志。在这里有最早的高端广深动车组列车，往返于广州东站与罗湖。现在已变成每15分钟一班的公交动车，一路向北从香港开启粤港澳大湾区的旅程。这里同时也是深圳火车站，是早期南下奋斗青年到达深圳的第一站。如今由于疫情，宁静的罗湖口岸在等待严寒过后的春天"	罗湖口岸、香港、广深线动车、深圳火车站、奋斗、忙碌、罗湖地铁站、交通枢纽、川流不息、粤港澳大湾区
D1-7	"深圳人才公园邻近蛇口，坐落于深圳新地标'春笋'的周边，是全国首创以人才命名的公园。在寸土寸金的地标中心开出这样一片绿地和运动公园，彰显深圳对人才的重视，就像深圳标语说的：'来了就是深圳人'。深圳从来没有像这样渴望人才，深圳出台了有史以来最优厚的人才引进政策，在人才引进政策中的一些政策让人印象深刻：提供与海内外一线城市相比有竞争力的待遇，敢于与世界湾区城市对标、叫板、抢人才"	人才公园、蛇口、地标、春笋、包容、大湾区、深圳人、人才引进政策、绿地

续表

编号	故事（由受访者亲自讲述，本书记录、整理如下）	构念提取
D1-8	"大鹏所城坐落于深圳东部的大鹏新区，是深圳为数不多有历史且保留完整的古城。旁边有重建的东山寺，且邻近海边，是资深驴友远离喧嚣的深圳城区清净之处"	大鹏所城、东山寺、海边、旅游、古城
D1-9	"深圳红树林是深圳滨海大道边上的湿地公园，对面就是香港。这里树木葱绿，海鸟众多，是深圳治理生态的晴雨表。快速修建高楼的同时没有忘记生态，这是深圳借鉴先进国际城市建设发展，建设友好型生态城市的决心的表现"	红树林、湿地公园、香港、生态、高楼林立
D1-10	"深圳的大梅沙是经典的海边免费打卡地点，多彩的翅膀人雕塑增添了几分文化和浪漫的情调。这里留下了很多深圳人的海滨游玩记忆。站在沙滩往远方眺望时，心旷神怡。尤其是在多彩飞人的渲染下，更让人萌生了天地间任我行的豪情壮志"	大梅沙、休闲、情调、海滨、雕塑、浪漫
D2-1	"深圳华强北名声很大，每天都很繁忙热闹，置身其中则觉得很嘈杂"	华强北、繁忙、热闹、嘈杂
D2-2	"这里是深圳大学，校园里现代感与传统美交杂着，有着时尚的教学楼，也有着古朴的景观"	深圳大学、现代感、传统美、时尚、古朴
D2-3	"莲花山上的邓小平雕像很壮观，迈着改革开放的步伐，让人热血沸腾"	莲花山、邓小平、壮观、改革开放、热血沸腾、雕像
D2-4	"市民中心很有深圳味，高楼大厦、琳琅满目，彰显出一个繁华都市的韵味，有活力，有创意，吸引着人们的到来"	市民中心、繁华、活力、创意、吸引力
D2-5	"大鹏所城太美好了，一改深圳的面貌，给人一种古都的即视感。它稳重深沉，并且绿化很好"	大鹏所城、古都、稳重、深沉、绿化
D2-6	"地王大厦是深圳的地标，彰显出极强的现代感、科技感，仿佛是一种呼唤，向未来不断发出最强音"	地王大厦、现代感、科技感、未来、地标
D2-7	"这里是深圳的罗湖口岸，走过去便是香港，很多人走过去打工，每天这里都很繁忙，总是人来人往"	罗湖口岸、香港、繁忙、高楼林立

续表

编号	故事（由受访者亲自讲述，本书记录、整理如下）	构念提取
D2-8	"深圳华侨城高楼林立，同时绿化也很棒，生态环境好，在这里既有时尚的感觉，又能体会到优美的风情，值得来看看"	华侨城、高楼林立、绿化、时尚、优美、生态
D2-9	"世界之窗有全世界的重要景观，这也彰显出深圳的态度，开放且包容，像一个瞭望口，让你能看到各地的美景"	世界之窗、开放、包容、景观
D2-10	"深圳的大梅沙将海边美景展现得淋漓尽致，环境优美、生态良好、景观壮阔，是一个绝佳的打卡点，很有情调"	大梅沙、环境优美、生态、壮阔、情调
D3-1	"深圳颜值最高的学院——深圳大学，大面积的白墙，搭配不规则的四方格，超'INS风'的深圳大学教学楼，天生就是拍照胜地，吸引着大量慕名前往的追求者。深圳市政府发布的《深圳当代建筑》中，40栋建筑，深圳大学上榜7栋！深圳大学不仅建筑系很厉害，校园建筑也是藏龙卧虎"	深圳颜值、"INS风"、深圳大学、建筑系、拍照胜地、白色教学楼
D3-2	"深圳最美的体育馆——深圳湾体育中心。在深圳湾，各种形态的建筑都有，设计师的想象力在这里实现了各自的飞跃，宛若生命最初始的'春茧'。机缘巧合，偶遇颜值满分的'春茧'，当属旅行中最意外的惊喜。建筑上交织错落的秩序线条，可以为画面构图。使用广角拍摄，拍出大气的效果。利用玻璃材质，侧面贴合拍摄，可以得到完美的镜面效果"	深圳湾、体育中心、大气、镜面、建筑、颜值、"春茧"、线条、建筑设计
D3-3	"最酷炫的新地标——当代艺术与城市规划馆。年轻的深圳，思维更超前，所以拥有最新潮、大胆和前沿的建筑设计作品，其由全世界顶尖的设计事务所奥地利'蓝天组'设计，是解构主义的代表"	标志性建筑、超前、解构主义、规划馆、新潮、前沿、解构主义、建筑设计
D3-4	"爱书之人的'天堂'——深圳图书馆。深圳有很多头衔，'全球全民阅读典范城市'就是之一。深圳图书馆从外面看大气磅礴，极富现代感，低调不失个性，很符合这座年轻城市的基调。与此同时，内部的藏书量、颜值与人气齐飞。深圳图书馆的设计师是日本建筑师矶崎新先生，他也是设计四川的日本侵华罪行馆（位于建川博物馆聚落旅游区）的设计师"	爱书人的"天堂"、现代感、年轻城市、矶崎新、人气、图书馆、个性、阅读典范

续表

编号	故事（由受访者亲自讲述，本书记录、整理如下）	构念提取
D3-5	"深圳地王大厦正式名称为信兴广场，始建于1994年，由美籍华人建筑设计师张国言设计，是一座集办公、商务于一体的超高层综合性建筑组群，是深圳特区20世纪90年代中期耸立起来的一座重要标志性建筑，也是当时中国较高的建筑物。地王大厦高69层，总高度383.95m，分为3个部分，5层高的购物裙楼将两个主体连接在一起。大厦拥有主题性观光项目'深港之窗'，坐落在巍峨挺拔的地王大厦顶层，是亚洲第一个高层主题性观光游览项目"	信兴广场、超高层、综合性建筑组群、"深港之窗"、地王大厦、观光游览、标志性建筑、办公、商务
D3-6	"深圳京基100位于深圳的CBD核心区，是集会议、办公、酒店于一体的城市地标性建筑。京基100大厦总建筑面积约22万m²，由17.5万m²的写字楼与4.6万m²的酒店组成，总高度441.8m，为地上100层、地下4层结构。观光层位于大厦的第96层，坐电梯从第1层到第96层的观光层，约需40秒，可以体会到急速飞驰的感觉，能感受到明显的耳压反应。在观光层可以遥望对面的地王大厦、赛格广场和深圳市景，香港的景色也依稀可见，非常震撼"	京基100、CBD核心、标志性建筑、震撼、商务写字楼、酒店
D3-7	"中国华润大厦，别名'春笋'，是集生态、休闲、运动、商务、居住、文化为一体的复合型湾区商务中心，也是深圳的标志性建筑之一。大厦占地面积约6.7万m²，总建筑面积约27万m²，建筑高度392.5m，为地上66层、地下5层结构。2019年，中国华润大厦获得全国建筑钢结构行业大会颁发的'第十三届中国钢结构金奖'，世界高层建筑与都市人居学会（CTBUH）颁发的'2019年度最佳高层建筑（300~399m组）大奖'"	"春笋"、复合型湾区、标志性建筑、最佳高层建筑、大湾区、中国华润大厦、商务、钢结构工程
D3-8	"深圳湾大桥是一座连接深圳蛇口东角头和香港元朗鳌城石的公路大桥，亦称'深港西部通道'2007年7月1日开通，全长5545m，其中深圳侧桥长2040m，香港段3505m，桥面宽38.6m。全桥的桩柱共457支，12对斜拉索，呈不对称布置，为目前国内最宽、标准最高的公路大桥"	深圳湾大桥、公路大桥、标准最高、最宽、深港西部通道、蛇口、元朗
D3-9	"大鹏所城位于深圳市大鹏新区鹏城社区，始建于明代，是明清两代中国海防的军事要塞，也是深圳别称'鹏城'的源头。作为深圳目前规模最大、保存最为完好、保护级别最高的历史遗产，大鹏所城体现了海防文化、非遗文化、滨海风情，其更新改造尊重当地独特的文化基因，旨在为古城注入鲜活的能量，创造全新的社会价值以及更美好的生活方式"	大鹏所城、规模最大、历史遗产、古城、保存完好、海防文化、非遗文化

续表

编号	故事（由受访者亲自讲述，本书记录、整理如下）	构念提取
D3-10	"深圳美术馆新馆·深圳第二图书馆项目选址于深圳北站商务中心区。根据深圳市建设'全球区域文化中心城市'和国际文化创新创意先锋城的定位，将建设成为深圳市新一轮文体设施中里程碑项目——打造出集美术展览、艺术收藏、文化交流、公共服务、全民阅读、思想交流、文化传承与创意创造于一体的多功能文化艺术殿堂"	商务中心区、全球区域文化、多功能文化艺术、艺术殿堂、文化交流
D4-1	"2017年深圳平面设计协会在深圳海上文化世界艺术中心举办了平面设计展。特地去那里看了展览，觉得深圳的设计前卫、创新"	都市、前卫、设计之都、创新、艺术中心
D4-2	"2017年去深圳带学生比赛的时候，举办方带着去参观深圳大芬村。感觉在人力劳动廉价的深圳，连艺术也变得廉价，可以批发。在深圳商业机会很多，只要真材实料，这里就是市场，就有机会"	商机、技能、机会、展示平台、深圳大芬村、市场
D4-3	"去参加深圳独立动画展，深圳精神世界丰富，园区导视系统人性化，有特色。深圳是设计之都"	设计之都、华侨城
D4-4	"深圳街头随拍到很多街头小广告，感觉信息爆炸"	信息爆炸、街头小广告
D4-5	"深圳除了时尚，还有非遗文化，在深圳博物馆看到了一点点深圳的历史"	深圳历史、渔村
D4-6	"与学院领导带学生来千锋科技有限公司深圳总部参观、交流，并建立校企合作。深圳遍地都是IT公司，竞争激烈，年轻人还是愿意过来奋斗。深圳代表梦想和机会"	机会、奋斗、梦想、科技、IT公司、竞争
D4-7	"深圳，高楼林立，一座现代开放的商业城市"	高楼林立、开放、商业、现代都市、景观
D4-8	"带孩子过来看展，路边的雕塑与人的关系构成的画面蛮有趣。觉得深圳是个有趣、好玩的城市，年轻、时尚"	年轻、时尚、有趣、雕塑
D4-9	"深圳从一个小渔村变成一个时尚大都市，现代、发展、商业气息浓、时尚"	渔村、发展、都市、商业、时尚

续表

编号	故事（由受访者亲自讲述，本书记录、整理如下）	构念提取
D4-10	"深圳是改革开放的前沿阵地，有各种挣钱的机会"	改革开放、机会、前沿、挣钱
D5-1	"深圳华侨城创意园是年轻人的聚集地，凸显创意活力。初次到华侨城创意产业园是因为参观深圳的设计集中地，以后每次去也都是因为对设计的关注。对此处最深的印象是富有设计文化的店铺与密集的设计创业公司，同学的公司也在其中，因此成为我个人来深圳常去的地方。总体感觉此处对年轻人的吸引力较强，能够看到园区内的访客多是年轻人"	设计之都、年轻、创业、创意、活力、文化、华侨城
D5-2	"深圳北站在广州到深圳的必经之路上，这段路车程半小时，大大方便了由广州到深圳的出行，加强了两地的联系。对深圳北站最深的印象是交通枢纽，四通八达。同时，距离深圳市区较远"	便捷、交通枢纽、交通发达、距离远、速度快
D5-3	"深圳市民中心气势恢宏，深圳的会展业发达。对市民中心早先的印象是深圳的地标性建筑，极富象征意义的大鹏造型屋顶。之后对其印象是展览中心，经常举办大型主题会展，位于深圳市区中心"	大鹏、高楼林立、会展、城市中心、地标、现代
D5-4	"深圳罗湖口岸连通香港，是对外开放、经济文化交流的重要口岸。印象中它是前往香港、不同政治制度的分界线。连接罗湖火车站，方便旅客前往香港。人员密集，人流量大，环境舒适度一般"	开放、包容、窗口、交流、方便、政治制度、罗湖口岸、人流量大
D5-5	"深圳城中村——牛始埔，对其印象最深的是'牛始埔'这个奇怪的地名，命名风格独特。与其他城市一样，代表着城市繁荣的另一面，是市井文化的集中地"	都市聚落、市井文化、城中村、传统、奇怪地名、乡土、高楼林立
D5-6	"从个人兴趣出发，深圳明斯克航母世界是我初次来深圳的第一站。感觉到深圳的旅游资源品种丰富。对退役军舰的再度开发为军迷带来别样的体验"	旅游资源丰富、独特体验、军迷圣地、退役战舰、盐田
D5-7	"深圳宝安机场的建筑视觉特征明显。作为珠三角的航空副中心，地面交通发达，旅客人数众多。对其印象最深的是其屋顶的镂空设计，已经成为一种识别符号，被应用到机场的不同角落"	航空副中心、地面交通发达、旅客众多、镂空设计、迅捷、现代

附录 基于ZMET研究受访者心智模型的访谈资料及初始构念提取过程

续表

编号	故事（由受访者亲自讲述，本书记录、整理如下）	构念提取
D5-8	"深圳技术进步、电子产业强大。'中兴'是深圳科技企业的品牌之一，对其楼顶的巨大标志印象深刻，其与周边的其他科技品牌遥相呼应，是中国科技品牌总部的集中地"	科技、电子产业、品牌、精进、发达、富有
D5-9	"深圳红树林是一个令人叹为观止的沿海公园，供市民休闲、游憩，是高层建筑林立的深圳市区出现的保留原始生态的绿地。丰富市民生活，使城市环境更加宜人"	自然、休闲、沿海、独特、生态
D5-10	"深圳大梅沙有海浪沙滩、巨型雕塑，城市景观多样。大梅沙的巨型雕塑让人印象深刻，海滩景观独特，游客众多"	雕塑、艺术气息、自然、海滩、游客众多、风景秀丽
D6-1	"深圳世界之窗位于深圳湾畔美丽的华侨城，占地48万 m^2，有着雄伟壮观的缩小版著名建筑，高楼林立。同时犹如解开了时空的枷锁，让人在此休闲时，仿佛在享受世界文明精华的巡礼"	世界之窗、雄伟壮观、高楼林立、休闲、文明
D6-2	"深圳宝安机场人流很大，同时也很先进，里面的设计有非常多让人惊喜的地方"	宝安机场、人流多、先进、惊喜
D6-3	"莲花山可以算是深圳红色文化的旅游地了。邓小平雕像富有动感，迈开大步，我感觉它体现了邓小平同志'改革开放的步子要大一点'的思想，湛蓝的天空也仿佛在吟唱'春天的故事'，让人感动，也给人不断前进的力量与勇气"	莲花山、邓小平、改革开放、力量
D6-4	"夜晚的深圳格外迷人，尤其是市民中心，灯光秀让人震撼，璀璨夺目，吸引无数人驻足，来感受这座年轻城市的无穷活力"	市民中心、震撼、年轻、活力、灯光秀
D6-5	"大鹏所城是深圳的宝藏，是个有文化底蕴的地方，环境也特别好，幽静休闲，给人很舒服的感觉"	大鹏所城、文化底蕴、环境好、幽静、休闲、舒服
D6-6	"高楼大厦已经成了深圳的标配，配以蓝天白云，透露着现代感、高级感，似乎是前沿、机遇等的象征"	高楼大厦、现代、高级、前沿、机会
D6-7	"深圳地铁站经常都是这样，长长的队伍川流不息，特别是早高峰，城市繁华的背后便是快节奏的忙碌，能感受到'深圳速度'"	地铁、川流不息、早高峰、繁华、忙碌、"深圳速度"

续表

编号	故事（由受访者亲自讲述，本书记录、整理如下）	构念提取
D6-8	"来到深圳蛇口海鲜市场便被琳琅满目的摊位吸引了，每个档口都被混乱嘈杂声包围着，弥漫着市井的繁忙气息，同时也给人一种踏实感"	海鲜市场、琳琅满目、嘈杂、繁忙、踏实
D6-9	"深圳梧桐山虽然难以被称为名山大川，却是休闲佳处。它树木交错、生态环境佳，在其中游览，不知不觉便放慢了脚步，累时在亭子里栖息片刻，消减了忙碌与喧嚣，在高处的云雾缭绕中感慨岁月静好"	梧桐山、休闲、树木交错、生态优良、岁月静好
D6-10	"深圳大梅沙充斥着浪漫气息，给人辽阔感，让人心旷神怡。从中也可以看出深圳这座城市的豪情壮志、迈向未来的不变初心"	大梅沙、浪漫、豪情壮志、迈向未来

参考文献

[1] 邓德隆. 中国品牌竞争力分析报告. 中国品牌走出误区九大策略[J]. 东方企业家, 2003 (6): 92-103.

[2] 范秀成, 陈洁. 品牌形象综合测评模型及其应用[J]. 南开学报（哲学社会科学院）, 2002 (3): 65-71.

[3] 胡梅, 苏杰. 基于顾客价值视角的城市品牌感知影响因素研究[J]. 北京交通大学学报（社会科学版）, 2014, 13 (2): 58-64.

[4] 黄群, 朱超. 基于用户心智模型的产品设计[J]. 包装工程, 2009, 30 (12): 133-135, 153.

[5] 黄胜兵, 卢泰宏. 品牌的阴阳二重性: 品牌形象的市场研究方法[J]. 南开管理评论, 2000 (2): 27-30.

[6] 纪春礼, 曾忠禄. 城市居民对旅游城市品牌形象的感知: 基于品牌概念地图方法[J]. 旅游科学, 2017, 31 (4): 64-78.

[7] 江明华, 曹鸿星. 品牌形象模型的比较研究[J]. 北京大学学报（哲学社会科学版）, 2003 (2): 107-114.

[8] 姜嫄, 赵红. 基于模糊识别模型的品牌生命周期测评方法研究[J]. 管理评论, 2012, 24 (1): 90-98.

[9] 金碚. 论企业竞争力的性质[J]. 中国工业经济, 2001 (10): 5-10.

[10] 李光明. 企业品牌与城市品牌的异同及互动[J]. 城市问题, 2007 (11): 76-79.

[11] 李满, 安国山. 顾客感知价值与感知质量、品牌形象、顾客体验的关系简析[J]. 生产力研究, 2008 (22): 149-150, 165.

[12] 李玺, 叶升, 王东. 旅游目的地感知形象非结构化测量应用研究: 以访澳商务游客形象感知特征为例[J]. 旅游学刊, 2011, 26 (12): 57-63.

[13] 李彦, 刘红围, 李梦蝶, 等. 设计思维研究综述[J]. 机械工程学报, 2017, 53 (15): 1-20.

[14] 施鹏丽, 韩福荣. 品牌的扇型生命周期分析[J]. 世界标准化与质量管理, 2006, (12): 20-22.

[15] 宋欢迎,张旭阳. 城市品牌形象利益相关者感知度测度[J]. 城市问题,2017(5):26-34.

[16] 孙湘明. 城市品牌形象系统研究[M]. 北京:人民出版社,2012.

[17] 孙曰瑶. 自主创新的品牌经济学研究[J]. 中国工业经济,2006(4):59-65.

[18] 田琪,鄢志武,谢云虎,等. 基于ZMET的贵州省旅游感知形象分析[J]. 湖北农业科学,2019,58(21):241-249.

[19] 王泓砚,王俊亮. 室韦乡村旅游典型性符号元素的挖掘与识别:基于ZMET隐喻抽取技术[J]. 渤海大学学报(哲学社会科学版),2019,41(6):89-94.

[20] 王长征,寿志钢. 西方品牌形象及其管理理论研究综述[J]. 外国经济与管理,2007(12):15-22.

[21] 徐磊青. 城市意象研究的主题、范式与反思:中国城市意象研究评述[J]. 新建筑,2012(1):114-117.

[22] 岳建秋,谌飞龙,吴群. 基于消费者心智资源开发的品牌优势塑造[J]. 中国工业经济,2007(3):88-95.

[23] 张鸿雁. 论城市形象建设与城市品牌战略创新:南京城市综合竞争力的品牌战略研究[J]. 南京社会科学,2002(S1):327-338.

[24] 郑德宏. 基于扎尔特曼隐喻提取技术的设计对话框架[J]. 包装工程,2019,40(20):175-180.

[25] 周俊. 问卷数据分析:破解SPSS的六类分析思路[M]. 北京:电子工业出版社,2017.

[26] 巴比. 社会研究方法[M]. 第11版. 邱泽奇,译. 北京:华夏出版社,2020.

[27] 布朗. IDEO,设计改变一切[M]. 侯婷,译. 沈阳:万卷出版公司,2011.

[28] 盖尔. 人性化的城市[M]. 欧阳文,徐哲文,译.

北京：中国建筑工业出版社，2010.

[29] 卡瓦拉兹斯，瓦纳比，阿什沃思. 反思地方品牌建设[M]. 袁胜军，等译. 北京：经济管理出版社，2019.

[30] 科特勒. 营销管理[M]. 第10版. 北京：中国人民大学出版社，2001.

[31] 芒福德. 城市发展史: 起源，演变和前景[M]. 宋俊岭，倪文彦，译. 北京：中国建筑工业出版社，2005.

[32] AAKER D A, JOACHIMSTHALER E. Brand leadership[M]. New York: Simon and Schuster, 2012.

[33] AAKER J L. Dimensions of brand personality [J]. Journal of Marketing Research, 1997, 34(3): 347-356.

[34] AAKER, DAVID A. Measuring brand equity across products and markets[J]. California Management Review, 1996, 38(3).

[35] ALLEN G. Place branding: new tools for economic development[J]. Design Management Review, 2007, 18(2): 60-68.

[36] AMBLER T, KOKKINAKI F. Measures of marketing success[J]. Journal of Marketing Management, 1997, 13(7): 665-678.

[37] ANHOLT S. Foreword to special issue of journal of brand management[J]. Journal of Brand Management, 2002, 9(4-5): 229-239.

[38] ANTTIROIKO A V. City branding as a response to global intercity competition[J]. Growth and Change, 2015, 46(2): 233-252.

[39] ARAÚJO R, DOS ANJOS E G, SILVA D R. Trends in the use of design thinking for embedded systems[C]//ICCSA(Short Papers/poster

papers/PhD student showcase works). 2015: 82-86.

[40] ASHWORTH G, GOODALL B. Can places be sold for tourism? [M] //Marketing Tourism Places (RLE Tourism). London: Routledge, 2013: 25-40.

[41] ASHWORTH G. The instruments of place branding: how is it done? [J]. European Spatial Research and Policy, 2009, 16(1): 9-22.

[42] BALOGLU S, BRINBERG D. Affective images of tourism destinations [J]. Journal of Travel Research, 1997, 35(4): 11-15.

[43] BEERLI A, MARTIN J D. Factors influencing destination image [J]. Annals of Tourism Research, 2004, 31(3): 657-681.

[44] BENZMILLER H L. Culinary tourism in the music city: the place of culinary icons and local flavors in Nashville tourism [J]. Vanderbilt Undergraduate Research Journal, 2008, 4.

[45] BIEL A L. Converting image into equity [J]. Brand Equity And Advertising: Advertising's Role in Building Strong Brands, 1993, 26(10): 67-81.

[46] BLAWATT K. Imagery an alternative approach to the attribute-image paradigm for shopping centres [J]. Journal of Retailing and consumer Services, 1995, 2(2): 83-96.

[47] BRENCIS A, IKKALA J. Does city size matter? City brand index vs population size [J]. Sociology and Anthropology, 2013, 1(2): 95-103.

[48] BROWN T. Design thinking [J]. Harvard Bsiness

Review, 2008, 86(6): 84-92, 141.
[49] BUCHANAN R. Wicked problems in design thinking[J]. Design Issues, 1992, 8(2): 5-21.
[50] CARLGREN L. Design thinking as an enabler of innovation: exploring the concept and its relation to building innovation capabilities [D]. Göteborg: Chalmers Tekniska Hogskola, 2013.
[51] ČERNIKOVAITĖ M, KARAZIJIENĖ Ž. City brand image formation by urban heritage initiatives [J]. Management: Journal of Contemporary Management Issues, 2020, 25 (Special issue): 29-42.
[52] CROSS N, KEYNES M. A brief history of the design thinking research symposium series [J]. Design Studies. 2018, 57: 160-164.
[53] DHAR R, WERTENBROCH K. Consumer choice between hedonic and utilitarian goods [J]. Journal of marketing research, 2000, 37 (1): 60-71.
[54] DUMAN T, OZBAL O, DUEROD M. The role of affective factors on brand resonance: measuring customer-based brand equity for the Sarajevo brand [J]. Journal of Destination Marketing & Management, 2018, 8: 359-372.
[55] DUNNE D, MARTIN R. Design thinking and how it will change management education: an interview and discussion [J]. Academy of Management Learning & Education, 2006, 5(4): 512-523.
[56] ENGEN T, ROSS B M. Long-term memory of odors with and without verbal descriptions [J]. Journal of Experimental Psychology, 1973, 100 (2): 221-227.

[57] EVANS G. Branding the city of culture: the death of city planning? [M] //MONCLUS J, GUARDIA M.Culture, urbanism and planning. New York: Routledge, 2016: 217-234.

[58] FLINT D J, WOODRUFF R B, GARDIAL S F. Customer value change in industrial marketing relationships: a call for new strategies and research [J]. Industrial Marketing Management, 1997, 26(2): 163-175.

[59] GALLARZA M G, SAURA I G. Value dimensions, perceived value, satisfaction and loyalty: an investigation of university students' travel behaviour [J]. Tourism Management, 2006, 27(3): 437-452.

[60] GIBSON C, CONNELL J. Music, tourism and the transformation of Memphis [J]. Tourism Geographies, 2007, 9(2): 160-190.

[61] GLOOR P. Inputs and outputs of the amygdala: what the amygdala is trying to tell the rest of the brain [M] //LIVINGSTON K. Limbic mechanisms. Boston, MA: Springer, 1978: 189-209.

[62] GOLD J R. Locating the message: place promotion as image communication [M] // GOLD JR.WARD SV. Place promotion: The use of publicity and marketing to sell towns and regions, London: Belhaven Press, 1994: 10-37.

[63] HALL T, BARRETT H. Urban geography [M]. Routledge, 2012.

[64] HALLIDAY S, HART-DAVIS A. The great stink of London: Sir Joseph Bazalgette and

the cleansing of the Victorian metropolis [M]. Stround, PA: The History Press, 2001.

[65] HANKINSON G. Location branding: a study of the branding practices of 12 English cities [J]. Journal of Brand Management, 2001, 9(2): 127-142.

[66] HANKINSON G. Managing destination brands: establishing a theoretical foundation [J]. Journal of Marketing Management, 2009, 25(1-2): 97-115.

[67] HANKINSON G. The management of destination brands: five guiding principles based on recent developments in corporate branding theory [J]. Journal of Brand Management, 2007, 14(3): 240-254.

[68] HOSPERS G J. Lynch, Urry and city marketing: taking advantage of the city as a built and graphic image [J]. Place Branding and Public Diplomacy, 2009, 5(3): 226-233.

[69] KAPFERER J N. Strategic brand management: new approaches to creating and evaluating brand equity [M]. New York: Simon and Schuster, 1994.

[70] KAVARATZIS M, KALANDIDES A. Rethinking the place brand: the interactive formation of place brands and the role of participatory place branding [J]. Environment and Planning A, 2015, 47(6): 1368-1382.

[71] KAVARATZIS M. From city marketing to city branding: towards a theoretical framework for developing city brands [J]. Place Branding,

2004, 1(1): 58-73.

[72] KELLER K L. Conceptualizing, measuring, and managing customer-based brand equity [J]. Journal of Marketing, 1993, 57(1): 1-22.

[73] KELLER K L. Strategic Brand Management: building, measuring and managing brand equity [M]. Upper Saddle River, NJ: Prentice Hall, 1998.

[74] KOTLER P, ASPLUND C, REIN I, et al. Marketing places Europe: attracting investments, industries, residents and visitors to European cities, communities, regions and nations [M]. Harlow. Financial Times Prentice Hall, 1999.

[75] KOTLER P, GERTNER D. Country as brand, product, and beyond: a place marketing and brand management perspective [J]. Journal of brand management, 2002, 9(4): 249-261.

[76] KOTLER P. Marketing management: analysis, planning, implementation, and control [M]. Englewood Cliffs, NJ: Prentice Hall, 1991.

[77] KOTLER P, HAIDER DH, REIN I. Marketing places: attracting investment, industry and tourism to cities, states, and nations [M]. New York: Free Press, 1993.

[78] KOTLER P, TURNER R E. Marketing management: analysis, planning, implementation, and control (Vol. 9) [M]. Upper Saddle River: Prentice hall, 1997.

[79] LEE S, SCOTT D, KIM H. Celebrity fan involvement and destination perceptions [J]. Annals of Tourism Rsearch, 2008, 35(3):

809-832.
[80] LEITCH S, RICHARDSON N. Corporate branding in the new economy [J]. European Journal of Marketing, 2003, 37 (7/8).
[81] LEVY S J. Symbols for sale[J]. Harvard Business Review, (July-August) [J]. 1959, 37: 117-124.
[82] LOCKWOOD T. Design thinking: Integrating innovation, customer experience, and brand value [M]. New York: Simon and Schuster, 2010.
[83] LUGMAYR A, STOCKLEBEN B, ZOU Y, et al. Applying "design thinking" in the context of media management education [J]. Multimedia Tools and Applications, 2014, 71 (1): 119-157.
[84] LYNCH K. The image of the city [M]. Cambridge, MA: MIT Press, 1964.
[85] MARTIN R, EUCHNER J. Design thinking: an interview with Martin Roger [J]. Research Technology Management, 2012, 55 (3): 10-14.
[86] MILES M. Cities and cultures [M]. London: Routledge, 2007.
[87] PARK C W, JAWORSKI B J, MACLNNIS D J. Strategic brand concept-image management [J]. Journal of Marketing, 1986, 50 (4): 135-145.
[88] PLATTNER H. Bootcamp bootleg [R]. Palo Alto: Design School Stanford, 2010.
[89] PORTEOUS J D. Landscapes of the mind: worlds of sense and metaphor [M]. Toronto:

University of Toronto Press, 1990.
[90] PRAYAG G. Brand image assessment: international visitors' perceptions of Cape Town [J]. Marketing Intelligence & Planning, 2010, 28(4): 462-485.
[91] RATCLIFFE J. Steps in a design thinking process [R]. San Francisco, CA: K12 Lab, Stanford University Design School, 2009.
[92] ROWE P. Design thinking [M]. Cambridge, MA: MIT Press, 1987.
[93] SALDANHA A. Music tourism and factions of bodies in Goa [J]. Tourist Studies, 2002, 2(1): 43-62.
[94] SCHRANK J. Design thinking [J]. Display & Design Ideas, 2015, 27(3): 40.
[95] SELLARS A. The influence of dance music on the UK youth tourism market [J]. Tourism Management, 1998, 19(6): 611-615.
[96] SHORT J R. Urban imagineers: boosterism and the representation of cities[M]//JONAS A EG, WILSON D. The urban growth machine: critical perspectives two decades later. Albany, NY: State University of New York Press, 1999: 37-54.
[97] SIMON H A. The sciences of the artificial [M]. 3rd edition. Cambridge, MA: MIT Press, 1996.
[98] SIRAKAYA F, WOODSIDE A G. Building and testing theories of decision making by travellers [J]. Tourism Management, 2005, 26(6): 815-832.
[99] STEWART V, STEWART A, FONDA N.

Business applications of repertory grid [M]. London: McGraw-Hill, 1981.

[100] STOJANOVIC I, ANDREU L, CURRAS-PEREZ R. Effects of the intensity of use of social media on brand equity: an empirical study in a tourist destination [J]. European Journal of Management and Business Economics, 2018, 27(1).

[101] THERKELSEN A, HALKIER H, JENSEN O B. Branding aalborg: building community or selling place? [M] //ASHWORTH G, KAVARATZIS M. Towards effective place brand management. Northampton, MA: Edward Elgar, 2010: 136-155

[102] TRUEMAN M M, KLEMM M, GIROUD A. Bradford in the premier league?: a multidisciplinary approach to branding and repositioning a city [R]. 2001.

[103] URRY J. The tourist gaze: leisure and travel in contemporary societies [M]. 2nd edition. London: Sage, 1990.

[104] VAN DER HAAR J W, KEMP R G M, OMTA O. Creating value that cannot be copied [J]. Industrial Marketing Management, 2001, 30(8): 627-636.

[105] VARLEY P, MEDWAY D. Ecosophy and tourism: rethinking a mountain resort [J]. Tourism Management, 2011, 32(4): 902-911.

[106] WARD S. Selling places: the marketing and promotion of towns and cities 1850-2000 [M]. London: Routledge, 2005.

[107] WOODRUFF R B. Customer value: the next source for competitive advantage [J]. Journal of the Academy of Marketing Science, 1997, 25(2): 139-153.

[108] XIANG Z, GRETZEL U. Role of social media in online travel information search [J]. Tourism Management, 2010, 31(2): 179-188.

[109] YE L. Urban transformation and institutional policies: case study of mega-region development in China's Pearl River Delta [J]. Journal of Urban Planning and Development, 2013, 139(4): 292-300.

[110] YE Z Y, JEON H Y. Chinese city brands and semiotic image scales: a tourism perspective [J]. Social Semiotics, 2020: 1-24.

[111] ZALTMAN G, COULTER R H. Seeing the voice of the customer: metaphor-based advertising research [J]. Journal of Advertising Research, 1995, 35(4): 35-51.

[112] ZALTMAN G, USEEM J. The man can read your mind [J]. Fortune Magazine (Europe), 2003, 147: 48-54.

[113] ZEITHAML V A. Consumer perceptions of price, quality, and value: a means-end model and synthesis of evidence [J]. Journal of Marketing, 1988, 52(3): 2-22.

图书在版编目（CIP）数据

设计思维赋能城市品牌形象创新 / 任玉洁著 . —北京：中国建筑工业出版社，2022.9
ISBN 978-7-112-27880-0

Ⅰ. ①设… Ⅱ. ①任… Ⅲ. ①城市管理—品牌战略—研究 Ⅳ. ① F292

中国版本图书馆 CIP 数据核字（2022）第 165810 号

责任编辑：李成成
责任校对：董　楠

设计思维赋能城市品牌形象创新
任玉洁　著

*

中国建筑工业出版社出版、发行（北京海淀三里河路 9 号）
各地新华书店、建筑书店经销
北京海视强森文化传媒有限公司制版
北京云浩印刷有限责任公司印刷

*

开本：880 毫米 ×1230 毫米　1/32　印张：5　字数：136 千字
2022 年 9 月第一版　　2022 年 9 月第一次印刷
定价：**50.00** 元
ISBN 978-7-112-27880-0
（39903）

版权所有　翻印必究
如有印装质量问题，可寄本社图书出版中心退换
（邮政编码 100037）